普 天 之 下 ‧ 盡 是 好 書

普天出版家族
Popular Press Family

淩雲 文創
A-Plus Creative Company

與其**沉默面對**，不如用**幽默巧妙化解**

用幽默代替沉默

的應對智慧

USE HUMOR TO DEFUSE SILENCE

塞德娜 編著

法蘭西斯．培根曾說：

當我們面對不知如何因應的尷尬場面，
與其沉默面對，
還不如用幽默巧妙化解。

的確，用幽默積極因應不知如何應對的尷尬場面，
永遠比用沉默消極面對的效果要好上許多，因為，面對自己不想面對的問題，保持沉默，
問題並不會消失不見，但是，如果懂得用幽默化解，問題就會立刻迎刃而解。
懂得幽默的人，知道如何用幽默的話語回應自己不想回答又不得不答的問題。
懂得幽默的人，知道如何透過幽默化解讓自己尷尬的處境。
懂得幽默的人，知道如何用幽默面對原來只能沉默以對的問題。

•出版序•

用幽默代替沉默的應對智慧

如果，你懂用幽默代替沉默，先下一著，拿自己的弱點開刀，不但讓對方無從下手，更表現出自己的坦然自若。

日本作家池田大作曾說：「幽默是人的情感的自然流露，直接和別人的情緒聯結，它可以像潤滑油一樣，潤滑人際關係。」

的確，詼諧幽默的言談可以說是人們在社交場上所穿的最漂亮服飾，尤其是你出糗或遭到言語攻擊之時，試著用幽默代替沉默，機智地輕鬆回應，絕對可以化解尷尬或對立的氣氛，並讓自己贏得掌聲。

一個有智慧的人，不小心出糗時，面對粗魯的言行挑釁時，或是自己不感興趣發言的問題上，通常不會選擇沉默，而是會用極出色的幽默來代替沉默，化解僵滯的氛圍。

人生的每一場戰役都是冷酷無情的，所謂「知己知彼，百戰百勝」，想要在人生戰場成功，就先從了解自己、攻擊自己開始。如此一來，面對別人的攻擊，你將不再有所畏懼。

林肯是美國第十六任總統，他的幽默感在美國歷任總統之中，算得上獨樹一格。任何人都是他幽默的對象，有時連自己都不放過。

坦白說，林肯的外貌算不上是英俊瀟灑，他自

己當然也很清楚知道這一點，因此，經常把它當成防禦的武器，以自我解嘲來面對別人的「吐槽」。

有一次，他和政論家史蒂芬．道格拉斯一同參加了一場公開辯論，當時，道格拉斯火力四射，毫不留情地批評他是個牆頭草、雙面人。

林肯聽了這番抨擊不怒反笑，幽默地回答道：「現在，我們不妨讓聽眾一起來評評理，我要是真的有另一副臉孔的話，你說，我還會拿這副難看的臉孔面對大家嗎？」

林肯毫不猶豫地拿自己的容貌做文章，一語雙關地一口氣回敬了道格拉斯的批評，不只幽默感十足，更顯出他寬容的氣度。

試想，一個人連自己的缺點都不怕面對了，他的心地也必定是坦然無欺了，林肯簡單的一句自我解嘲，不只堵了敵人的嘴，同時也突顯出自己的胸懷與氣度，算得上是一舉兩得。

批評，是每個人都沒有辦法逃避的人生考驗，敵人永遠會想辦法挖掘你的弱點，刺激你的缺陷，目的就是爲了激怒你，好讓你暴露出更多的弱點，然後輕而易舉地把你攻擊得體無完膚。

如果，你懂用幽默代替沉默，先下一著，拿自己的弱點開刀，不但讓對方無從下手，更表現出自己的坦然自若。可以說是既守了陣地，又得了一項反擊的利器，批評將不再能傷害你，反而成爲展現自己的工具。

•本書是《用幽默代替沉默全集》全新修訂版，謹此說明

PART 1
用幽默的態度面對爭執

和別人發生爭執，最怕的就是被人激怒，怒極攻心之餘氣得口不擇言，或是模糊了立場與焦點，那麼就永遠吵不贏。

PART 2

別讓憤怒的情緒炸傷自己

任由情緒胡亂爆炸，遇到君子或許能相安無事，萬一遇到陰狠的小人，就得小心自己也被炸得屍骨無存。

PART 3

刻薄，只會突顯一個人的淺薄

刻薄無禮的批評，即便再有理，也不見得能夠傷害對方分毫，反倒顯示出自己的器量淺薄。

PART 4

再怎麼憤怒，也要維持表面禮數

不要輕忽行事有禮所帶來的好處，赫魯雪夫前後態度雖然不同，卻也突顯他就事論事的處事方法，讓人無所挑剔。

PART 5 看緊嘴巴，把話說得更圓滑

三思而行，不只讓我們更謹慎，也更能表現出誠意；一句話在腦子裡繞過三圈再說，往往能夠說得更完滿、更圓滑。

PART 6

面對挑釁，要懂得巧妙回應

幽默的語言，是一種奇妙的文字排列，同樣一句話，排列組合稍有不同，聽起來效果就天差地別。

PART 7

隱喻可以降低對方的敵意

隱喻，是一種幽默的形式，重點就在於不把話意點明，讓聽話者自行決定話語中的意涵，既可以降低敵意，也可以達到目的。

PART 8

要識時務，也要扭轉情勢

局勢不利於己的時候，要懂得引導形勢，眼光要看得比別人遠，腦筋要動得比別人快，才能立於不敗之地。

PART 9 用幽默的話語表達自己的誠意

我們不需要強迫自己偽善，但我們可以想辦法不做壞人，在能力範圍內予人方便，幫人一把。

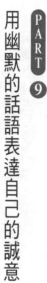

PART 10

以迂迴方式來迷惑對方

言語交鋒，以看似軟化的態度與迂迴引導的方式，讓對方失去防心，再乘勝追擊，更能收得超乎想像的效益。

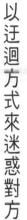

PART 11 用機智化解羞辱

面對羞辱，有幽默感的人懂得「用幽默代替沉默」，會不疾不徐回敬對方，沒有幽默感的人，恐怕就得陷在難堪的窘境之中，不知如何是好了。

PART **1.**

用幽默的態度 面對爭執

和別人發生爭執，最怕的就是被人激怒，
怒極攻心之餘氣得口不擇言，
或是模糊了立場與焦點，
那麼就永遠吵不贏。

與其編造藉口，不如坦誠認錯

以藉口來回應，總是欲蓋彌彰，讓人一眼就瞧了出來，同樣的藉口更是等於在挑戰對方的容忍度。

犯錯，是生活之中每個人都可能碰到的問題；找藉口，也是每個人第一時間所會想到的回應方式。

當別人三番兩次犯錯，而你又不想繼續容忍對方「爲犯錯找藉口」的行徑，該如何用幽默代替沉默呢？

喬治．華盛頓是美國第一位總統，對這種情況有獨到的應對方式。

有一天早晨，一位新來的年輕秘書遲到了，當他飛快地衝進總統辦公室裡時，發現華盛頓已經在座位上等著他。

這種情況令年輕秘書一時間感到很不好意思，連忙向總統表示歉意，說他的錶今天不巧出了毛病。

華盛頓聽了，並未加以駁斥，只是平靜地回答：「恐怕你得換一只錶，否則我就要換一位秘書了。」

犯錯之後，以藉口來回應，總是欲蓋彌彰，讓人一眼就瞧了出來，同樣的藉口更是等於在挑戰對方的容忍度。

華盛頓「用幽默代替沉默」的簡短話語，看似平靜且諒解了年輕秘書這次的遲到行爲，但顯然也表達了對這個藉口的不以爲然，言談中警告他最好別再犯下同樣的錯誤。

在日常生活或是職場裡，並非完全無法容忍錯誤的發生，但是，這並不表示一而再、再而三的犯錯行爲不會受到譴責，也不表示別人會認同你犯錯之後所編織的藉口。

勇於認錯，謹記教訓，相信會是比較好的應對方式。

當然，在犯錯之前就懂得避免錯誤，無疑是更高明的手法。

用幽默代替沉默的行事守則

犯錯誤總是難以避免的，但要人家原諒自己的錯誤可不容易。

——德謨克利特

以謙遜的風度突顯自己的氣度

一句話聽起來謙卑，實際上卻一點自卑的意味也沒有，風度突顯氣度，適當的謙虛反而會突顯出個人的風采。

想要發揮幽默感，當個風趣的人，就必須根據自己面臨的狀況，找個有趣的切入點，正如英國傳記作家史沫萊特所說的：「要根據各種狀況，仔細選擇最可行的方法。有時候，你必須把手上的石頭丟掉，但是，有時候你又必須把石頭撿回來。」

湯馬斯·傑弗遜是美國的第三任總統，尚未擔任總統職位之前，曾經受命接替富蘭克林，擔任美國駐法大使。

當他走馬上任，正式接手駐法大使職位之後，第一件事就是到法國外交首長的寓所拜會。

拜會之時，法國的外交首長一見面就對他說道：「喔，原來您代替了富蘭克林先生的工作。」

傑弗遜有禮地回答：「是接替他，沒有人能夠代替得了他。」

這句話聽起來或許馬屁味十足，卻也恰當十足地表現出傑弗遜對於自己的職位與國家的高度尊重。

一名外交使節來到國際上，代表的就是自己的國家，如果在友邦或敵國的面前沒有辦法適時地展現出自己國家的尊嚴，那麼顯然是有愧於外交人員的職位與職責。

傑弗遜在話語中讚揚前任的大使，毫無疑問地是透過言外之意告訴法國的外交首長：「我很清楚富蘭克林的優秀之處，你也別把我看扁了，強將手下豈有弱兵之理？」

換句話說，即是表達了美國派出的人才是多麼優秀。

傑弗遜說這句話的同時，也提升了自我的尊嚴，因爲能夠接替得了這麼優秀人才職位的人，實力豈容別人小覷？

一句話聽起來謙卑，實際上卻一點自卑的意味也沒有，反倒是展現了自信之處，可見得傑弗遜的反應和口才確實令人佩服。

風度突顯氣度，適當的謙虛，往往反而會突顯出個人的風采。

用幽默代替沉默的行事守則

所有自責都是轉彎抹角的讚美。那是為了表明他有多大的氣度。

——鮑斯威爾

用幽默的態度面對爭執

和別人發生爭執，最怕的就是被人激怒，怒極攻心之餘氣得口不擇言，或是模糊了立場與焦點，那麼就永遠吵不贏。

人與人之間，吵架、爭執是無可避免的，但爭執並不一定代表負面的破壞，有時也是一種溝通意見的方法，這個時候，如何用幽默的態度清楚地表明自己的立場就顯得相當。

十八世紀英格蘭有位大法官名叫愛德華．瑟洛，當時他和一名主教輪流執掌授予聖職候選人牧師職位，並握有給予相當俸祿的大權。

有一次，為了決定這項授予權該交付到誰手上的問題，瑟洛和主教爭執不下，兩個人誰也不讓誰，一見面只要談論到這個攸關自己權限問題，必定發生嚴重爭執。

最後，主教乾脆不出面，派了秘書去見愛德華．瑟洛，再一次宣告下一次的授予權應該屬於主教。

瑟洛聽了相當不以為然，冷笑了一聲，回答說：「也請你向主教大人轉達我的問候，並請你告訴他，他想獲得授予權，我看要恐怕得等到他下地獄。」

瑟洛的意思是主教死也別想要拿到下一次的授予權。

主教的秘書聽了，不禁刷白了臉，戰戰兢兢地說：「先生，您要把這樣的口信帶給主教，恐怕會令他非常不愉快。」

瑟洛聽了，想了片刻，終於開口：「你說得不錯，那麼，就請你

回去告訴主教大人，他要得到授予權，恐怕得等我下地獄才行。」

瑟洛雖然收回原先的刻薄言語，說話的態度或許趨於和緩，但是其中的意思仍舊非常強硬，「下地獄」的人雖然從主教換成了自己，卻傳達出相同的意思，由此主教應該深切地感受到瑟洛毫不退讓的決心才對。

一旦立場清楚，立論站得住腳，就算眞的有所爭執，也無須像潑婦罵街一樣，搞得自己形象全無。

主教在爭執中無疑已是動了氣，又在口頭上爭不過瑟洛，所以故意派秘書前去示威。反觀，瑟洛雖然心裡同樣生氣，卻沒有因此氣昏了頭，對主教的秘書大吼大叫，或是無故遷怒，當秘書提醒他語氣過烈恐怕有損談判結果時，他雖然及時修飾了自己的說法，但是意志仍同樣堅定。

表達自己的立場時，態度要堅定，也要保持機智幽默，千萬不要輕易動怒，因爲惱怒只會使人喪失應有的風度。

憤怒於事無補，就像英國哲學家培根提醒我們的：「憤怒或許會讓傻瓜變得機

智，但卻改變不了既定的事實。」

和別人發生爭執，最怕的就是被對方的言行激怒，怒極攻心之餘氣得口不擇言，或是模糊了立場與焦點，那麼就永遠吵不贏，也不太可能會有什麼好的談判結果。

用幽默代替沉默的行事守則

一個發怒的人，總是疏於自衛的。

——莎士比亞

以恭維來達到迴避的目的

在迴避令自己為難的要求上，表面上恭維，既吹捧對方，又坦承自己不足，總之就是先將燙手的山芋丟出去再說。

一七九七年夏天，法國革命家康斯坦丁・沃爾涅風塵僕僕前來拜訪美國總統喬治・華盛頓。當時，沃爾涅為了獲得周遊美國各地的准許，請求華盛頓為他開立一張介紹信。

由於這攸關各地單位的行政運作，再說開了這樣的先例，日後麻煩肯定不少，所以這項請求不禁讓華盛頓感到好生為難。

不開嘛，無異讓沃爾涅碰個釘子，日後若有外交上的往來，恐怕會有不好的影響；要開嘛，又不知從何寫起。

想了好一陣子，他終於提起筆來，在紙上寫道：「康斯坦丁．沃爾涅不需要喬治．華盛頓的介紹信。」

恭維有兩種，一種是高抬他人，一種是低貶自己。華盛頓這個方法，其實也可以運用在迴避令自己爲難的要求上，表面上恭維，既吹捧對方，又坦承自己不足，總之就是先將燙手的山芋丟出去再說。

華盛頓的做法，表面上讓沃爾涅達到了目的，但實際上他並沒有做出任何承諾，語氣尊敬地顧全了沃爾涅的面子，但也維持了自己的原則，稱得上是一種高明的拒絕手法。

對某些不想做的事，明白的說出「我不想做」，非但可能得罪人，而且到最後，說不定還是不得不做。

但是，以圓融的態度加以應對，謙虛地表示自己恐怕不是適任人選，甚或是推薦更適當的人選或提出其他的做法建議，不但不會讓人反感，說不定反倒會認爲你幫了大忙。

用幽默代替沉默的行事守則

謙虛常常是一種假裝的順從，我們利用它來使別人屈服。

——拉羅什弗科

與其辯解，不如用幽默化解

自知理虧的時候，適時讓對方一步，不管是消遣也好，調侃也好，容忍一時也就雨過天青了。

世間沒有永遠的敵人，也沒有永遠的朋友，沒有永遠都正確的人，也沒有永遠沒錯的決定，所以我們難免會碰到前後矛盾的窘境。這種時候，與其強加辯解或是百般道歉，倒不如學會以幽默妙語來化解尷尬。

美國第七任總統安德魯．傑克遜年輕的時候曾經因故與本頓進行決鬥。當時，本頓一槍擊中了傑克遜的左臂，後來子彈並沒有及時取出，而一直留在傑克遜的手臂裡將近二十年。

到了一八三二年的時候，傑克遜才由醫生進行手術取出子彈，此時本頓與傑克遜的立場已經一致，而且本頓還成了傑克遜的頭號熱情支持者。

子彈取出來後，傑克遜故意打趣地提議說，這顆子彈是本頓的，一定要物歸原主。本頓聽到了這話，連忙說法律規定，保管期超過二十年，產權就自動發生轉移，所以現在這顆子彈的所有權，已經屬於傑克遜了。

兵來將擋，水來土掩，傑克遜明知本頓裝傻，卻還要故意捉弄他，對他說：「可是，目前距離當時決鬥，只有經過十九年，還不到二十年，所以產權當然還沒

有發生變化。」

本頓倒也厲害，面不改色地回答：「有鑑於閣下對於這顆子彈的特別保管，日夜不分隨身攜帶，我願意放棄這一年的權利。」

不管本頓和傑克遜曾經有過什麼樣的糾紛與不合，事過境遷之後他們已經握手言和，而且同搭一條船。回想起曾經有過的爭執，甚至於憤而決鬥，現在看來當然已成笑話一則。

一顆子彈停留在身體裡近二十年，當然不是一件好受的事，所以傑克遜無論如何也要好好把本頓調侃一頓才甘心，因此故意說要將子彈物歸原主，看看本頓要怎麼應對。

本頓當然也是心知肚明，不管當時到底誰對誰錯，現在終究是自己理虧，所以無論傑克遜怎麼消遣，還是隱忍下來，更何況傑克遜並非有意刁難，因而以幽默的話語機鋒將這一段尷尬的景況輕鬆化解。當兩人彼此會心一笑時，往日仇恨也盡付雲淡風輕。過去就讓它過去，在笑談之中，彼此心知就好。

自知理虧的時候，適時讓對方一步，不管是消遣也好，調侃也好，容忍一時也就雨過天青了。

用幽默代替沉默的行事守則

幽默帶來悟力和寬容，冷嘲則帶來深刻而不友善的理解。

——阿格尼斯．雷業利爾

適時低頭，才不會頭破血流

如果正面衝突可以改變現況，那麼多少還有試上一試的價值，如果只是徒勞甚或有害，那麼不如沉潛待變

還沒有足夠準備的時候，貿然挑戰權威的鋒芒，顯然是不智的。不只暴露了自己的意圖，給予對方警覺的機會，同時，正面衝突的結果，由於在實力上仍有所差距，即使敗陣下來也沒有什麼好訝異的，更可能因此被點名做上記號，落得永無翻身之日。

羽翼未豐之時，沉潛待變才是最好的應對方法，因爲，風水輪流轉，機運最後會轉到誰身上，誰也說不定；權威不見得能夠永遠高高在上，小人物也不見得成不了大英雄。

接替史達林職權的前蘇聯領導人赫魯雪夫剛上台時，有一次在政府會議上，聲色俱厲地批判史達林所犯下的錯誤。

史達林主政時代，赫魯雪夫以沉默寡言、明哲保身的行事風格著稱，因此有人對他的猛烈批判相當不以為然，正當他說慷慨激昂之時，突然聽眾席上有人出聲打斷他的談話。

那個發聲者大聲地說：「赫魯雪夫同志，你當時是政治局成員，也是史達林的同事，為什麼你不出言阻止他？」

「誰在問！」赫魯雪夫突然暴出一聲怒吼，一時間，整個會議廳陷入一片極度不安的寂靜之中。

經過片刻，赫魯雪夫才放輕聲地說：「現在，你應該明白為什麼我不敢出聲的原因了吧！」

在蘇聯政壇那樣鬥爭慘烈的環境之下，太過天真的人是很容易受傷的。

赫魯雪夫不是個傻子，當然明白史達林的脾性，在史達林專權獨斷的「大整肅」時代，根本不容許批評的言論存在，說話不小心的，行事不謹慎的，全都沒有好下場，不是被批鬥就是被流放，強出頭只會讓自己永無出頭的一日。

然而，史達林死後，政治局勢也跟著有所變化，做法當然可以有所不同。在赫魯雪夫獨當一面的時候，他便是權威，便代表影響力。

發問者的目的，顯然是要讓剛上台的赫魯雪夫下不了台，故意暗示赫魯雪夫也是個專放馬後砲的人物。

但是，赫魯雪夫並沒有直接迎面回擊，反倒是利用史達林掌權時的做法大吼一聲，一方面回答發問者的問題，表示在史達林威嚇之下誰敢反對他，另一方面，也提醒發問者「何妨看清楚現在當權者是誰」。

俗語說：「人在屋簷下，不得不低頭」，碰上難以逆轉的現實環境，不低頭的話，就得撞得頭破血流。

如果正面衝突可以改變現況，那麼多少還有試上一試的價值，如果只是徒勞甚或有害，那麼不如沉潛待變，低個頭也花不了多少力氣。

用幽默代替沉默的行事守則

一時的成就是以多年的失敗為代價而取得的。

——布朗寧

急流勇退，才不會活得太累

每一個領域，形式上的成就總有個極限，當攀上了頂峰，抵達了盡頭，如果繼續戀棧，充其量只是原地踏步而已。

我們可以看到，有許多人在職場上勾心鬥角，終於奪取了權位與利益，終於鬥垮了所有的敵人，當他一人獨大的時候，漸漸就會發現自己不知道接下來到底該往何處走去。

在這種情境下，對現狀只剩下雞肋般的感覺，食之無味，棄之可惜；既沒有了衝勁，又不想將長久以來的成就拱手讓人，所以一方面失了幹勁，一方面又整天猜

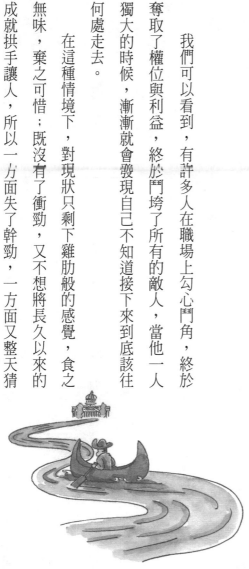

疑下面的人會不會在什麼時候突然冒出來取代自己。如此患得患失，把自己的生活變得很累人。

美國總統柯立芝以行事低調著稱，但是，在總統任期快要結束的時候，有一次卻在例行記者會時發表了一項聲明。

他說：「我不打算再幹這行了。」

當時台下一片愕然，交頭接耳議論紛紛，許多記者認為他這話裡可能有話，事後便不斷追問他到底為什麼這麼說。

一向沉默寡言的柯立芝這時當然更是金口不開，一個字也不肯多說。可是，記者們哪肯放過他，仍舊逮到機會就問，他後來被問煩了，乾脆拉過那個記者對他說：「因為，總統不可能再有晉升的機會。」

每一個領域，形式上的成就總有個極限，攀上了頂峰，抵達了盡頭，如果繼續戀棧，充其量只是原地踏步而已。所以，柯立芝選擇急流勇退，在旁人眼裡，他好似放棄了許多，其實對他來說，這只是人生的一個轉折，走到了盡頭，自然就得轉彎，走向另一段人生旅程。

柯立芝的決定，就起因在於他已清楚地想好人生的藍圖該怎麼走法，他只是順隨著自己的心意行動。所以，他能夠始終保持自己對生命的熱情，只要那股胸中之火永不熄滅，那麼人生就沒有任何的盡頭。

用幽默代替沉默的行事守則

人生的追求，情感的衝撞。進取的熱情，可以隱匿卻不可以貧乏，可以渾然卻不可以消淡。

——余秋雨

面對難題，要懂得運用機智

簡單的題目，可能一點都不容易。相對的，面對困難的問題，只要切入的角度正確，說不定反而超乎想像的容易。

我們很容易因為一些邏輯上的問題而陷入自相矛盾的思考困境，一旦鑽進了牛角尖，就很難再鑽出來。

其實，面對所謂的難題，只要懂得運用機智，從意想不到的角度切入，往往能迎刃而解。

據說，亞伯拉罕．林肯在讀書的時候，有一次考試，老師問他：「你要答一道難題，還是兩道簡單的題目？」

他想了一下，肯定地回答：

「答一道難題。」

老師說：「好，那麼請你回答，雞蛋是怎麼來的？」

林肯言簡意賅地說：「雞生的。」

「那麼，雞又是從哪裡來的呢？」老師繼續追問。

林肯立刻淘氣地回答說：

「老師，我們先前已經說好只答一道題目的，你這是問第二題了。」

就像故事裡所要表達的，一般人多半會猜想難的題目一定很難，即使只有一題也肯定答不出來，那倒不如答兩題簡單的算了。結果，往往發現所謂簡單的題目，答起來可能一點都不容易。

相對的，面對看似困難的問題，只要切入的角度正確，處理起來說不定反而超乎想像的容易。

像林肯的回答就是利用四兩撥千斤的方式，巧妙地從老師說話中的語病破綻切入，一句話堵得老師不能反駁，否則就自打嘴巴了。雖然只是玩弄詭辯的遊戲，卻分外地突顯他的機智和聰敏。

反其道而行，有時便能收異軍突起的成效；別人搶著出場，而你正準備齊全地進場，不但競爭對手大減，說不定還有便宜可撿。

用幽默代替沉默的行事守則

打破常規的道路指向智慧之宮。

——布萊克

PART 2.

別讓憤怒的情緒炸傷自己

任由情緒胡亂爆炸，
遇到君子或許能相安無事，
萬一遇到陰狠的小人，
就得小心自己也被炸得屍骨無存。

權力是一把雙刃的利器

權力，就像是一把雙刃的劍，使用得恰當，便是管理的利器；如果遭到濫用或是誤用，可能傷人，也可能傷己。

法國大革命之後，逐漸嶄露頭角的拿破崙曾經奉命整頓一支從裝備到紀律全都一塌糊塗的部隊。

當時，部隊中有些人對於這位空降而來的矮個子長官有些意見，不但拿破崙的命令無法確實執行，而且部隊中經常爆發激烈爭吵，誰也不讓誰。

拿破崙見狀，決定使出撒手鐧，於是在檢校場上對比他足足高過一個頭的奧勒羅將軍說：「將軍先生，相信你不會看不出你的個子高出我一個頭，但是，如果你不肯聽令指揮的話，我可以馬上消除這個差別。」

從此以後，部隊中再也沒有違反軍紀的情形發生。

新官上任，實力總難免會受人質疑，非得儘快做出點成績不可，否則被人瞧扁了，日後就很難帶人。

所以，拿破崙毫不猶豫給予部隊的將官一個下馬威，表明一旦有人不從軍令，便以軍紀處置，絕無寬貸。

祭出撒手鐧之後，當然，一開始可能還會有些不滿份子試著挑戰公權力，但如果連續確實執行，眾人便不敢再輕忽了。

做事的時候，每一個職位都有自己特定的權力，必須用得恰當得宜。

比方說，會計部門可以要求每個請款者填妥必要的單據，如不不完整便全數打回，非得改到正確無誤、全部備齊爲止。這當然是他們的權力，想要順利請款的人就得配合他們的遊戲規則。但是，這項權力一旦濫用，變成刻意刁難或是找碴，就肯定會引起反彈。

權力，就像是一把雙刃的劍，使用得恰當，便是管理的利器；如果遭到濫用或是誤用，權力便成了毀滅的工具，可能傷人，也可能傷己。

用幽默代替沉默的行事守則

合法而穩定的權力使用得當時，很少遇到抵抗。

——山繆・約翰遜

迂迴側擊可以提高成功的機率

談判之時迂迴一點，以假動作加以掩飾，等到對方不察掉入陷阱，成功的機會豈不高出許多？

曾有「老虎總理」之稱的法國總理克里蒙梭，一向以態度強硬著稱，不論治國或治事，不達目的，誓不罷休。他的談判功夫與外交手腕一直是他自己相當自得的一項能力。

他曾經向友人提起一次在東方旅行的經驗。當時，有一名小販向他兜售一件工藝品，他看了覺得不錯，便向小販詢價。

小販說：「這麼一件好產品，賣給像您這樣的紳士，再恰當不過，我只收你七十五盧比就好了。」

克里蒙梭聽了，立刻表示這個價錢太離譜，他頂多只肯給四十五盧比，一毛也不肯再多，而且價格只會越砍越低。

聽見價格一下子被砍了一大半，小販哪肯同意？兩人就這麼一來一往，不斷殺價、抬價，誰也不肯相讓。

最後，吵迷糊了，小販竟然氣得說：「這樣的話，乾脆送你還差不多！」

克里蒙梭倒也不客氣，拿過工藝品便說：「那就一言為定。」

小販一時間目瞪口呆，只見克里蒙梭掏出四十五盧比交到小販手中，簡單明瞭地說：「謝謝你的一番好意，不過，接受如此珍貴的饋贈，我理當有所回報才是，

你就不必推辭啦。」

很顯然的，這一波討價還價攻防戰中，克里蒙梭奪得了最後勝利，而且得了便宜還不忘賣乖。

如果他一毛錢也不付，那麼他便是個無賴的強盜，但是他不過是以預算中的價格買下，我們只能稱他是名談判高手了。

克里蒙梭的手法便是在談話的過程當中不斷刺激對方，提出對方不可能接受的條件來激怒對方，在對方被搞得摸不著頭緒時，再從中找出自己的利基點。

這正是所謂「打蛇隨棍上」的談判方法。

頭腦簡單的小販遇見克里蒙梭這種老謀深算的高手，到最後當然會目瞪口呆，因爲他早在談判一開始就掉入克里蒙梭的陷阱，最後非但一毛也沒賺到，還讓克里蒙梭倒將一軍。

進行談判的時候，爲了達到砍價的目的，攻擊的一方經常會做出一些違反常規的事情，試圖模糊焦點，讓對手在惱怒之餘被牽著鼻子走。

單刀直入當然是一種攻擊力極強的策略，但同時也是孤注一擲的做法，如果一擊不中，底牌全被人看光，不就再也沒得玩了？

克里蒙梭的這則軼事告訴我們，談判之時迂迴一點，以假動作加以掩飾，等到對方不察掉入陷阱，成功的機會豈不高出許多？

用幽默代替沉默的行事守則

聲東而擊西，聲彼而擊此，使敵不知其所備。

——劉伯溫

抱怨只是為了得到同情

抱怨的言辭，實際上只是希望得到同情的安慰，或是想從中達成某種目的罷了。

有求於人的時候，我們往往會選擇以退爲進的方法，故意掩飾我們的眞正目的，掩飾得巧妙的話。這肯定是個妙招，但是，如果手法太過粗糙，恐怕反而會收到反效果。

有一天，美國總統柯立芝在辦公的時候，突然有一位女士闖了進來。

這名女士先是喋喋不休地稱讚柯立芝前一天的演講精采，最後更以略帶委屈的口氣說：「大廳裡實在是人山人海，我一個座位也找不到，最後只好一路站著聽完你的演講。」

顯然，她是想透過這樣的小小抱怨，從柯立芝口中得到幾句安慰的話語，然後再趁機提出自己的請求。可惜，柯立芝一點也不解風情，反倒沒好氣地說：「並非只有妳一個人受累，那天我也一直站著。」

這名女士想必已經發現自己拍錯了馬屁，還被馬踢了一腳吧！

聽別人抱怨可是一件苦差事，如果語帶附和，抱怨的人便會滔滔不絕地繼續說下去，讓你聽到耳朵長繭，甚至認爲他之所以會有這麼多抱怨都是你害的，必須負起一些「道義責任」，眞是「沒吃羊肉卻惹來一身腥」。

如果不想聽下去而出言打斷，就會像柯立芝一樣雖然讓對方閉了嘴，但場面也好看不到哪裡去。

生活中總是會碰到許多人對我們訴說抱怨的話語，抱怨這個，抱怨那個，表面上看起來好像是要向我們請教解決的方法，實際上他們只是希望得到同情的安慰，或是想從中達成某種目的罷了。總之，抱怨是一種變相的索求，並非真的想聽從別人的建議。

話說回來，我們應當小心，不要讓自己落入太常抱怨的迷障之中，偶爾吐吐怨氣，別人還會把你的問題當成一回事，如果整天抱怨，凡事都囉嗦，別人就會把你當成放羊的孩子，把你說的話全當成了耳邊風。

到最後，你的內心再苦悶，再需要幫忙，不但什麼同情、幫助也得不到，說不定還會遭人譏諷呢！

用幽默代替沉默的行事守則

讚美令我羞愧，因為我暗自乞求得到它。

——泰戈爾

別讓憤怒的情緒炸傷自己

任由情緒胡亂爆炸，遇到君子或許能相安無事，萬一遇到陰狠的小人，就得小心自己也被炸得屍骨無存。

人生總有一些不如己意的狀況必須面對，選擇沉默只會被認爲默認，氣急敗壞、支支吾吾講不清楚，也只會讓別人誤解你的意思。

不必暴跳如雷，也不必漲紅臉無言以對，只要你懂得活用幽默。

一個人的世界是明是暗，就在於是否具備幽默感。只要具備了幽默感，就自然而然會朝對的方向走。

據說，美國南北戰爭的時候，有一回總統林肯發令到軍中，命令各地司令官傳回白宮的報告，務必一切詳實，毫無缺漏。這個命令立刻引來許多只重大處、不拘小節的官兵反彈。

當時，有一位名叫麥克里蘭的將軍，性格非常急躁，一收到這則命令，認為林肯太過婆婆媽媽，什麼雞毛蒜皮事都要過問，火爆脾氣油然而起，立刻要他的事務官發一個電報到白宮。

電報內容是這麼寫的：「華盛頓林肯大總統鈞鑒：頃俘獲母牛六頭，請指示處理辦法。麥克里蘭敬上。」

麥克里蘭的意思很明白，既然林肯想要看詳實的報告，他就連芝麻小事都拿來煩他，讓他看個高興。

沒多久，林肯的回電來了，打開一看，上頭寫著：「麥克里蘭將軍勳鑒：電悉。所陳俘獲之六頭母牛，可擠其牛乳。林肯。」

這兩封電報，看起來都禮貌至極，背後的角力結果，其實已見眞章。

麥克里蘭沉不住氣，立刻針對林肯的做法給予行動上的批判，故意以瑣事致電，暗示林肯的決策實際上是擾亂軍隊行事，擺明找麻煩。

但是，林肯雖無明顯的責怪舉動，卻也明白地表示，此事已定案，無須再囉嗦，不管什麼事，乖乖報備就對了。

姑且不論麥克里蘭在軍事上的表現如何，他在人際上的處理顯然欠缺協調性，什麼事都直來直往，一受刺激就立即反應，暴躁易怒的性格，可能爲自己樹立了許多敵人還不自知。

如果林肯小人一點，這筆故意找碴的帳當然記下了，日後想怎麼整他，有的是機會，不是嗎？

幸虧林肯是個懂得幽默行事的君子，溫溫和和的一封電報，既傳達了執行命令的決心，又顯示了自己的氣度，還可以讓衝動行事的麥克里蘭好好反省，可說是一舉三得。

美國演說家英格索爾說：「憤怒會將理智的燈吹熄，所以在考慮解決一個重大問題時，你必須脈搏緩慢，心平氣和，頭腦冷靜。」

憤怒的情緒當然誰都會有，畢竟這個世界上沒有什麼完全順心如意的人生，一旦遭遇到挫折，內心不爽本來就是自然反應，但是沒有任何自制的能力，任由情緒胡亂爆炸，遇到君子或許能相安無事，萬一遇到陰狠的小人，就得小心自己也被炸得屍骨無存。

用「幽默」代替沉默的行事守則

易動肝火的人是聽任敵人擺布的囚徒，而且他永遠也無法逃脫。

——薩迪

沒事，不要多管閒事

管了太多別人的閒事，最後簡直就是自討沒趣。因為流言蜚語而苦惱的人，不妨用另類的幽默代替沉默。

我們眞的都太關注別人的隱私了，媒體的生存競爭更強化了這種癖好的傷害力。有人譴稱英國小報是「扒糞者」，事情越臭，狗仔隊們越愛挖，美其名是滿足大衆知的權利，但事實上，我們眞的需要去知道這些嗎？誰和誰相戀、誰和誰分手，這些對我們的生活來說，眞的有什麼重要性嗎？

據說，曾經擔任英國首席法官的約翰．威爾斯是個道貌岸然的偽君子，在法庭上雖然滿口仁義道德，看起來威嚴莊重，但是私生活卻是一團糟。

有一次，輿論界更大肆傳言這名大法官與家中的一位女僕有染，事情鬧得沸沸揚揚，不過當事人倒是沉得住氣，不曾出面說明，誰也不知道這傳言是真是假。

有一名牧師，特地前來拜訪威爾斯，熱心地表示他願意聽聽威爾斯的告解，並希望他能立志悔改，潔身自好。

言談之間，威爾斯早已摸清了牧師來訪的目的，因此說話始終閃閃躲躲，不管什麼事都不願意正面回應。

牧師見他有意迴避，最後乾脆打開天窗說亮話，直接把外界的傳聞給說了出來：「聽說，您的一位女僕懷孕了。」

威爾斯不置可否地回說：「那和我有什麼關

係？」

牧師鍥而不捨地說：「傳聞是閣下使她懷孕的。」

威爾斯可不是省油的燈，面對這話依舊臉不紅、氣不喘，照樣不置可否地回答：「那和你又有什麼關係呢？」

果真妙答，看來所有緋聞纏身的明星政客，最好都先去向約翰．威爾斯這位大法官好好討教討教規避媒體追問的方法。

本來，這件事無論是眞是假，都是威爾斯個人的行爲與私事，除非那位懷了孕的女僕眞的站出來當面指控，否則對於旁人來說，眞的是「干卿底事」，沒事湊什麼熱鬧？

幽默大師馬克吐溫曾經這麼說：「每個人都像月亮，有一個陰暗面，從來不讓任何人看見。」

一旦被惡意碰觸到那個不想讓人知道的秘密空間，就算是再怎麼溫和的人，恐怕也會立刻予以反擊。

故事中的牧師，管了太多別人的閒事，不只熱臉貼了冷屁股，還讓自己尷尬不已，簡直就是自討沒趣。

相對的，因爲流言蜚語而苦惱的人，不妨學學「威爾斯式」的應對模式，用另類的幽默代替沉默。

用「幽默」代替沉默的行事守則

插手別人的事，易淪為被嘲弄的對象；干預了不該干預的事，大多只能狼狽而返。

——葛拉西安

不要損害別人對自己的信賴

一旦失信於人，想要再取回信賴，是件不容易的事。答應了就該盡力去完成，否則就會使自己的信譽有所損害。

信用是無形的財富，美國總統傑弗遜曾經說：「當一個人贏得了公眾的信賴之後，就應該把自己當成公共財產。」

只要有這樣的認知，人就會更加注意自己的一言一行，既保持自己的榮譽，又贏得別人的敬重。

據說，在德意志帝國時代，皇帝威廉一世每天到了中午的時候，總要站在位於首都柏林的宮殿邊角窗口，接見成千上萬特地前來瞻仰這位象徵帝國權力統治者的人們。

這項接見民眾的活動，日復一日，從未間斷。

到了威廉一世晚年時候，他的身體健康漸漸不如往常，醫生總是懇切地勸諫他停止這項日常活動，以免勞累過度，身體無法負荷。

但是，皇帝卻不肯接受，十分固執地回答說：「我每天的接見活動是寫在旅遊手冊上的。」

威廉一世所堅持的，其實就是信守承諾，只要旅遊手冊上有這項活動，他就不能失信於民眾。

我們現在應該不太容易想像那種帝權時代的活動景況，但是我們卻很容易從現實生活中聯想到信用的重要。

目前許多銀行提供持卡民眾在出國旅遊的時候，可以享用某些特定的服務。雖然民眾不一定每次旅遊的時候都會使用到這些服務，但是一旦民眾需要服務的時候，卻發現銀行已經終止，或者刪減該項服務時，心裡除了錯愕之外，恐怕還是憤怒吧？

這種憤怒或許不會在當下顯現出來，但是下次民眾選擇銀行持卡的時候，就會好好的慎重考慮了。

一旦失信於人，想要再取回信賴，就是件不容易的事了。

在職場裡當然也是如此，上司所交辦的任務，如果沒有能力完成，抑或是對任務的內容有所疑慮，那麼最好一開始就別答應；如果答應了下來，就該拼了命、盡了力去完成，否則就會使自己的信譽有所損害。

前者算是有自知之明，後者明顯是拿自己的信用開玩笑，所謂「避免萬一失手，勝過百發百中」就是這個道理。

一個神射手，射了一百次，全部都命中，自然厲害；但是射了一千次，只要有一次不中，還是會爲他的神射美名蒙上塵埃。

用幽默代替沉默的行事守則

如果你要做某件事，那就把它做好。如果你不會或不願做好它，那最好不要去做。

——列夫·托爾斯泰

活用機智妙語，就能達成目的

若能善用機智妙語，軟化彼此間的隔閡障礙，讓對方敞開胸懷來溝通，對於請求的接納度也就相對提高了不少。

有求於人的時候，哀兵政策固然也是可行的方法，但是卻不是每一次都能奏效，而且用久了還會貶低了自己的尊嚴。

不妨想想，一般人對待乞丐的態度，雖然即便是心中有所同情，但是最後還是可以面無表情地走開，因此，想要有效地達成目的，就必須培養幽默感，練就一番機智妙語。

林肯是一個說話充滿幽默機鋒的人，據說他在斯普林菲爾德擔任律師的時候，每一次進城，都不花一毛錢，搭了順風車。

有一天，陰霾的天空下著小雨，地上泥濘不堪，而他得進城趕赴一個會議，但是因為路上每輛計程車都載了客，他一輛也叫不到。

看著已經被雨水浸濕的褲腳，他很快做了一個決定。

一揚手把一輛私家車攔下後，他傾身詢問車上的駕駛：「你好，能不能麻煩你行個方便，幫我把這件大衣帶進城裡去？」

他說了個地址，駕駛聽了聳聳肩回答：「好啊，有何不可？但是我要怎麼把大衣拿給你呢？」

「喔，這很簡單，我打算裹在大衣裡面。」

聽到類似林肯這樣的搭便車請求，你是不是也會忍不住噗嗤一笑，然後要他趕

快上車呢？

既然你都答應幫他送大衣了，當然也可以一起把他送到目的地。林肯聰明的先提出次要、看起來不傷大雅的請求去試探對方的意願，而後再以幽默妙語完全化解對方戒心，結果輕鬆地達到他的目的。

這則軼事說明了，若能善用機智妙語，軟化彼此間的隔閡障礙，就能讓對方敞開胸懷來溝通；一句話讓人聽得心花怒放，既消除敵意，又增加好感，對於請求的接納度也就相對提高了不少。

用幽默代替沉默的行事守則

若能使人笑，便能使他思想，使他喜歡你並相信你。

——阿弗利．E．史密斯

藉前人的智慧抬高自己的才學

善用格言可以在適當的時機展現出效果，不只傳達了自己的博學，也轉借了前人的智慧。

十九世紀末，英國有一位大法官名為弗列德里克・艾德溫・史密斯，一向以能言善辯聞名。

他還未當上大法官之前，曾經是律師，也是保守派政治家。有一次，他接下一起盲童訴訟案件，擔任被告的律師。

開庭的時候，控方法官要求把原告那位盲童抱到一張椅子上，表示這是方便在場的陪審員都能看清楚。

史密斯很清楚法官之所以會如此提議，目的就是為了要博取陪審員的同情，所以他立刻提出抗告，對法官說：「尊敬的法官先生，為什麼不乾脆帶著孩子繞陪審台一周呢？」

法官聽了，忍不住譴責他，表示這是個不合理的建議，畢竟小孩的眼睛看不見，這麼做有違常理。

但是，史密斯卻也毫不客氣地回敬：「我是聽了不合理的建議之後，才會這樣說出這個提議。」

法官氣得引用培根的話來對付這個氣焰囂張的年輕律師：「看來，年輕與謹慎果真是一對冤家。」

史密斯可不是浪得虛名，當下立刻反駁：「尊敬的法官先生，培根也說過，多嘴的法官就像一根破音叉。」

史密斯和法官兩個人唇槍舌劍，吊著書袋相互回敬，當時那個法庭裡，想必是硝煙味十足吧。

法官暗指史密斯年輕不謹慎，行事過於莽撞；史密斯卻倒打一耙，罵法官廢話太多，就像破音叉一樣敲起來聲音很響，卻音準全無。

兩個人的才學自然都很豐富，否則也不能將培根的格言倒背如流，而且應用得恰到時機，恰到好處，只不過大家全在嘴上鬥氣，對於事情一點幫助也沒有，只是吵得開心罷了。

以子之矛，攻子之盾，如果培根本人在現場，不知又會作何感想？

人要懂得站在巨人肩上看世界，先賢聖哲留下來許多智慧的言語，對我們來說，常常是很受用的，善用格言、妙語，可以在適當的時機展現出效果，不只傳達了自己的博學，也轉借了前人的智慧。

可是，想要藉格言、妙語襯托自己可得小心，使用之前最好先留意一下用法和適用對象，萬一用得不好、用得不對，還不如不用。不然，就像吃錯了藥一般，非但沒效，反而傷身。

用幽默代替沉默的行事守則

每項真理都有兩副面孔，每條規則都有兩個方面，每句箴言都有兩種應用方式。

——儒貝爾

每個人都有幸福的權利

何必執著、何必強求？何必自以為是而又強調別人非我族類呢？我們當然可以自信，卻實在不必要自傲。

每個人都有自己的獨特性與和他人的相似性，這是不可否認的。每一個人不管個人的成就、發展如何，不管有著什麼缺陷，都應該同樣具有追求幸福的權利。

法國總統戴高樂有一個女兒名叫安娜，由於腦部發生問題，有著智力不足的狀況。

為了防範她因此受到流言的傷害，戴高樂夫婦對她特別保護、百般照顧，甚至向上天祈禱自己能活得比她長壽，以免日後無人可以照顧女兒、保護女兒。

不幸的是，安娜二十歲的時候，罹患了肺炎，不治身故，事後安葬在寧靜的科龍貝教堂村裡。

葬禮的儀式結束之後，戴高樂夫婦在她的墳前默哀了許久，最後，戴高樂握緊妻子哭得微顫的手，說道：「別傷心了，現在她已經和別人一樣了……」

安娜雖然天生有所殘缺，但是她卻有一對最愛她的父母，爲她遮風避雨，爲她捍衛幸福，儘管安娜智力不足，但在她短暫的人生當中，可能活得比任何一個聰明過人的傢伙更加無憂快樂。

人是種奇怪的動物，總是有各種理由和前提可以聚成一個個群體，利害一致的、興趣相符的、膚色相同的、理念相當的……其中最奇怪的是，在強調自己所屬群體的優勢之時，卻也要刻意貶低其他族群的存在，彷彿唯有這麼做，才可以確保自己存在的理由。

這也難怪戴高樂會感嘆「安娜現在已和所有人都一樣了」，畢竟只要是人都會死，死後也就不過是一具棺材、一個骨灰罈，沒有什麼差別。不論死者的生命曾經多麼輝煌或是多麼灰暗，大家都一樣，最後終究是要孑然一身地走向死後世界。

何必執著、何必強求？何必自以爲是而又強調別人非我族類呢？我們當然可以自信，卻實在不必要自傲。

用幽默代替沉默的行事守則

一個驕傲的人，結果總是在驕傲裡毀滅了自己。

——莎士比亞

PART 3.

刻薄，只會突顯一個人的淺薄

刻薄無禮的批評，
即使再有理，
也不見得能夠傷害對方分毫，
反倒顯示出自己的器量淺薄。

用甜言蜜語化解敵意

面對意見相左的人，與其去激怒他，不如不著痕跡地以恭維化解兩人之間的敵意，避開敏感話題，再巧妙地加以說服。

眞心誠意說好話，具有改變磁場能量的神秘力量。在日本，就有人以水來做研究，證明對著一杯水說好話，可以凝結出比較美麗的水結晶；吐惡言卻會出現混亂的結晶圖案。

我們相信說善言會散發好的能量，所以，心裡有好話何妨說出來，至於詛咒的話就先吞下去吧。

第一次世界大戰爆發前不久，一位出生美國的女權主義者南西·艾斯特來到英國首相邱吉爾世襲的宅邸布雷尼宮拜訪他。

一開始，南西・艾斯特受到邱吉爾熱情的接待，但是說著說著，兩個人卻在談話的過程中起了衝突。

艾斯特認為女性也應該有權利參與政治，並且希望邱吉爾可以幫助她進入眾議院，成為第一位女議員。

邱吉爾對於艾斯特的觀點並不完全認同，兩個人講到後來竟一言不合，艾斯特情急之下破口說：「溫斯頓，如果我是你的妻子，我就會在你的咖啡杯裡放毒藥。」

邱吉爾倒是不生氣，反而溫和地說：「如果我是妳的丈夫，那麼，我會毫不猶豫地吞下去。」

不慍不火的話語，表明了邱吉爾的態度──對妻子全然的信任，顯示他是相當尊重女性的。

當然，這句話骨子裡還是有著英國男士的大男人主義意味存在，認爲女人是需要保護的，偶爾的歇斯底里是需要忍耐的。

姑且不管邱吉爾的想法從今天的觀念來看合不合時宜，但是在當時的場景，艾斯特聽到了這樣的話，想必會不小心笑了出來，怎麼生氣也無處可發了。畢竟，幽默的紳士總比火爆的無賴來得好吧。

幽默風趣的言語會調節周遭的氛圍，帶來寬容與和解。

交談的時候，詼諧會比一本正經更輕鬆活潑，也更有成效，美國作家愛默生就曾經說：「風趣自然能引起人們的歡迎，使一切區別都化為平等。莊嚴、學問、堅強的性格，全都不能抵抗風趣。」

好聽的話，人人愛聽；甜言蜜語雖然不見得有營養，但是卻是營造人際關係不可缺少的絕妙調味料。

面對意見相左的人，與其去激怒他，不如不著痕跡地以恭維化解兩人之間的敵意，避開敏感話題，再巧妙地加以說服，既不尷尬，又不傷感情。

用幽默代替沉默的行事守則

在你每天的生活之旅，別忘了為人間留下一點讚美的溫馨，這點小火花會燃起友誼的火焰。

——戴爾．卡內基

從敵人身上尋求制敵之道

雖然敵人老是針對我們的弱點下手，但這些行動倒也提醒了我們，究竟有哪些地方是脆弱的，先從那裡開始加強。

敵人，從字面上來看，就是和我們立場相左的人，面對敵人，一般人的反應很簡單，不是你死就是我亡。

可是，當我們回過頭檢視歷史上的種種糾紛和競爭，卻不乏雙贏的例子存在。

這證明了只要能夠達成彼此的利害一致，原本敵對的雙方也可能成爲朋友，攜手

共創開闊的格局，而不一定要斤斤計較眼前的小利小益。

林肯擔任美國總統的期間，曾經有人批評林肯總統對待政敵的態度太過友善，質問他：「你為什麼對待他們像朋友似的呢？你應該想辦法去打擊他們，消滅他們才對！」

但林肯卻慢條斯理地回答：「我是在消滅政敵啊，當這些人都成為我的朋友，還哪來的敵人？」

林肯面對政敵的做法很積極，從敵人的身上下手，先和他們做朋友，試圖去親近他們，了解他們，給對方好處，久而久之自然會發現這些人的特長在哪裡，目標在哪裡，可以在什麼時候成爲自己的助力。

換言之，他每增加一個朋友，就消滅了一名敵人。

認眞地從人際關係的角度來思考，雖然敵人老是針對我們的弱點下手，讓我們感到痛苦不堪，但這些行動倒也提醒了我們，究竟有哪些地方是脆弱的，或多或少會先從那裡開始加強。

相反的，有時候朋友會因爲不希望破壞彼此的友好關係，所以對我們的缺點予以保留，過度姑息隱瞞的結果，反而使我們的缺點轉變成致命傷，反倒給了敵人可乘之機。

用幽默代替沉默的行事守則

重視你的敵人，因為他們最先發現你的錯誤。

——安提西尼

刻薄，只會突顯一個人的淺薄

刻薄無禮的批評，即便再有理，也不見得能夠傷害對方分毫，反倒顯示出自己的器量淺薄。

美國第十三任總統約翰．卡爾文．柯立芝一向以寡言聞名，有人甚至還謔稱他為「沉默的卡爾」，其中說得最苛刻的就是有「華盛頓貴婦」之稱的艾莉思．羅斯福．朗沃思夫人。

她是老羅斯福總統的女兒，在政治圈和華府上流社會

有相當高的社交地位。

她曾經對人形容，柯立芝看起來就好像剛從「鹽水裡撈出來的」，意思是在嘲笑柯立芝嘴巴大概是被鹽醃過，才會皺在一起，一句話也說不出來。

諸如此類的話語聽多了，柯立芝倒也不客氣地加以回擊，他說：「我認為，美國人民希望由一個嚴肅的傢伙來當總統，而不歡迎那些只會整天嚼舌根的人，我只是順應了民心而已。」

批評，是一種理性的生活態度，各種言論經過思辯之後再做下決定，顯然是一種理智的做法；而自己說出的言論，經過另一個腦袋思辯、敲打之後，也才能達到眞正精練的目的。

然而，面對惡意的批評，卻無須過度介意。

像故事中的柯立芝，既然是由民意所選出來的總統，而且保持原則從一而終，無愧於任何人，又何必因爲別人的閒言閒語而改變自己的想法與做法呢？

刻薄無禮的批評，即便再有理，也不見得能夠傷害對方分毫，反倒顯示出自己

的器量淺薄。

印度詩人泰戈爾說：「即使你摘下每一片花瓣，你也採不到花的美。」

如果你認爲自己所堅持的是眞理，那麼再怎麼樣惡毒的批評，也不能扭曲你的意志，減損你的價值。

用幽默代替沉默的行事守則

一個人要反對批評，即不能抗議，也不能辯解，他必須不顧批評，我行我素。這樣，批評就會逐漸向他屈服。

——歌德

適時製造「笑果」，可以讓氣氛活絡

當一個人忍俊不住地笑出來時，便會整個人輕鬆起來。沒錯，就是笑的力量讓整個氣氛重新熱絡起來。

林肯曾經擔任過律師，有一次出庭時，由於原告律師前前後後把一個簡單的論據翻來覆去說了兩個多小時，不只林肯聽得心煩，連許多在場的聽眾也都快要不耐煩了，還有人失禮地大打呵欠。

好不容易輪到林肯上台辯護，他整整衣衫來到講台上。

他掃視了在場群眾一眼，接著把自己的外套脫下放在桌上，然後拿起杯子喝水，又拿起外套穿上，再喝了口水，又把外套給脫了下來。就這樣，來來回回重複了約五、六次。

剛開始，大家都被他的舉動搞得一楞一楞的，接著便引來哄堂大笑，整個法庭裡的聽眾都被他的肢體語言逗笑了。

笑完了，精神也來了，這時林肯才開始他的辯護演說。

有時候，現場的氣氛會對自己很不利，例如，演講的時候，聽眾都在打瞌睡；做簡報的時候，與會人員都在閒聊；產品特賣的時候，路過的客人都一副不感興趣的樣子……

這時，如果不能及時地改善現場的氣氛，重新抓住目標人物的注意力，那麼接下來所說的一切，都像是在與牆壁對話，沒有任何意義。

怎麼辦呢？很簡單，適時製造一些「笑果」。當一個人覺察到令他好奇的事物時，瞌睡蟲不會來找他；當一個人聽見一個笑話的時候，他會轉向笑聲的來處；當一個人忍俊不住地笑出來時，便會整個人輕鬆起來。

沒錯，就是笑的力量讓整個氣氛重新熱絡起來，也讓在場人士重新把焦點匯聚在說話者身上。

林肯聰明地利用了這一點，在場的人可能沒聽清楚原告律師到底說了什麼，但是對於林肯接下來要說的可就清楚地聽見了。

用幽默代替沉默的行事守則

只要用溫和的態度把你的憤怒說出來，讓對方知道你心中的感受，就可以消除人際關係上的煩惱。

——海倫凱勒

巧妙開敵手玩笑，幽默又不傷大雅

巧妙地拿敵人來開開玩笑，既能幽默引人發笑，又不傷大雅，不失為一種熱絡氣氛的好方法。

英國作家，也是知名政治家的班傑明．迪斯雷利，是個從社底層奮鬥成功的典範，曾經擔任英國首相多年。

迪斯雷利一向以妙語和機智見稱，言談之間經常令人莞爾。有一天，有人曾經請教他到底災禍和不幸事故兩者之間有什麼差別。

迪斯雷利順勢就拿了他政治上的競爭對手格拉德斯頓來

開玩笑：「這當然有很大的差別！打個比方來說吧，如果有一天格拉德斯頓不小心掉到河裡去，那可以說是一件災禍。但是呢，如果有人硬是把他給拉上岸來，那可就是一起不幸事故了。」

迪斯雷利巧妙地以自己和格拉德斯頓彼此競爭對立的局勢，來妙解災禍和不幸事故的差別。

格拉德斯頓不小心掉進河裡，對他本身來說是一件災禍，可是，要是他幸運地被人救起，那對於可能少一個競爭敵手的迪斯雷利來說，可就是件不幸了。

這種一語雙關的說話方式，說者有意，聽者有心，彼此就會被這種隱喻的幽默給逗得哈哈大笑。

即使格拉德斯頓聽見了，雖然明知迪斯雷利是在開自己的玩笑，但如果因此小題大作、憤怒不平的話，恐怕會給自己帶來小心眼的風評。

所以，一般人遇上了這樣的情況，再怎麼樣暗自咬牙切齒，也多半會一笑置之，以顯示自己的風度。

由此可見，巧妙地拿敵人來開開玩笑，既能幽默引人發笑，又不傷大雅，不失爲一種熱絡氣氛的好方法。

用幽默代替沉默的行事守則

在交際場合要始終表現出愉快的情緒，即使遇到不順心的事，也要泰然處之。

——梁旦

太過一廂情願，小心場面不好看

待人接物的時候，給別人留點餘地，也給自己留點餘地，不只場面好看，凡事也總有個退路。

由於美國總統柯立芝沉默寡言是出了名的，所以上流社會社交界總是以能和他多說幾句話為榮。

有一次，柯立芝參加一個宴會，當時晚宴上坐在柯立芝身旁的一位夫人，便千方百計地想和這位美國大總統多聊上幾句話。

可是，雖然她施盡了渾身解數，無奈柯立芝還是以「是的」、「不是的」言簡意賅地回應。

最後她說：「總統先生，您實在太沉默寡言了，今天我和人打了賭，說我一定能從你的口中引出一句三個字以上的話來。」

只見柯立芝慢條斯理地吞下口中的晚餐，又啜了口酒，然後神情正經地說：「妳輸了！」

這位夫人最後雖然讓柯立芝說出了「三個字以上的話」，但這句話卻是「妳輸了」。相信當下這名女士肯定臉色大變，卻又不好當眾失態，否則說不定會氣得拿起餐盤往柯立芝頭上用力一敲呢！想不到竟然有人如此不解風情，又不怕場面變得尷尬。

不可否認的，這個世界就是有人吃軟，有人吃硬，而有人不管哪一套都不吃，強求的結果，只會換來「柯立芝式的幽默」，讓自己哭笑不得。

這位夫人可能過於看重自己，或是太過一廂情願，碰上柯立芝這種不懂憐香惜玉的角色，只有吃癟的份。總之，在「一個巴掌拍不響」情況之下，她只好一個人承受冷場的後果，沒了對手，就只能演獨角戲了。

不過，柯立芝也不是那麼不近人情，好歹說了三個字，讓這位女士贏了打賭。

這則軼事告訴我們，待人接物的時候，給別人留點餘地，也給自己留點餘地，不只場面好看，凡事也總有個退路。

用幽默代替沉默的行事守則

有的人沉默是因為沒有什麼可說的，有的是因為找不到知音者。

——高爾基

做得好，自然沒困擾

做對的事情遠遠不如做好的事情，在不太熟稔的社交場合裡面，當眾糾舉別人的錯誤，不是一件聰明的舉動。

有一次，英國首相邱吉爾應邀到美國訪問，訪問過程中到一家餐廳裡用餐，餐廳的女主人為他準備了美味的冷烤雞當主菜。

邱吉爾吃完第一份烤雞後，覺得意猶未盡，便禮貌地詢問女主人說：「我可以再來點雞胸脯肉嗎？」

女主人淺淺地笑了，一邊為邱吉爾切肉，一邊糾正他說：「我們這裡不說『胸脯』，習慣說『白肉』，而把燒不白的雞腿肉稱為『黑肉』。」

邱吉爾當場即為自己的言辭不當表示歉意，但是心裡卻有點嘀咕這個美國女人真愛咬文嚼字。

第二天，這位女主人收到一朵很漂亮的蘭花，花上附了一張卡面，裡面寫著：「如果您願意把這朵花別在您的『白肉』上，那將令我感到莫大的榮幸。邱吉爾敬上。」

邱吉爾一方面藉著送花博卿一笑，一方面也對這個「白肉正名事件」小小地嘲弄了一番。

有時候，做對的事情遠遠不如做好的事情，對的事情在錯的時機出現，有時候反而會帶來反效果。

「知無不言，言無不盡」，照理說是一件對的事情，但是在不太熟稔的社交場合裡面，當眾糾舉別人的錯誤，卻不是一件聰明的舉動。

正如故事中的餐廳女主人，她說的是一件對的事情，但是如此當面指正，雖然達到目的，卻也埋下事後被調侃的後果。

所以說，做得對，倒不如做得好；做得好才不會讓彼此產生困擾。規矩和原則，是讓這個世界順利運轉的因素之一，但是過度執著就不免讓人覺得吹毛求疵了。

用幽默代替沉默的行事守則

一個人的偉大之處，並非是在禮儀的細節上不厭其煩而顯示出來的。

——葛拉西安

以讚美減緩拒絕帶來的不悅

利用奉承和讚美減輕對方的防備之心，一方面模糊事件焦點，另一方面也使對方不至於對被拒絕產生過度反感。

獨霸專權、好大喜功的德國皇帝威廉二世對於軍事方面的事務極感興趣，有一次獨自設計了一艘軍艦，命人將設計書送交一位世界知名的造船專家，表示想聽聽他的意見。

當時，他在設計圖上寫道：「這是我多年以來深思和細究的結果。」

經過了幾週，造船專家總算將設計圖送了回來，並附上評估的結果。

首先，他誇讚說：「陛下，您所設計的軍艦是一艘威力十足、堅固異常、超乎想像華麗的軍艦，如此設計可說是空前絕後。它所能行進的速度是有始以來最快的，所配備的武器是有始以來最強的，所樹立的桅杆是世界上最高的，大炮的射程也將是世上最遠的。而您所設計的艙房設備也將使上至船長下至見習水手的所有人員感到舒適無比。」

寫完了一長串恭維的話語，造船專家最後指出：「在這艘難得一見的宏偉戰艦設計裡，我左看右看大概只有一個小小的缺點，那就是，它好像一隻鉛鑄的鴨子，只要一下水就會沉了。」

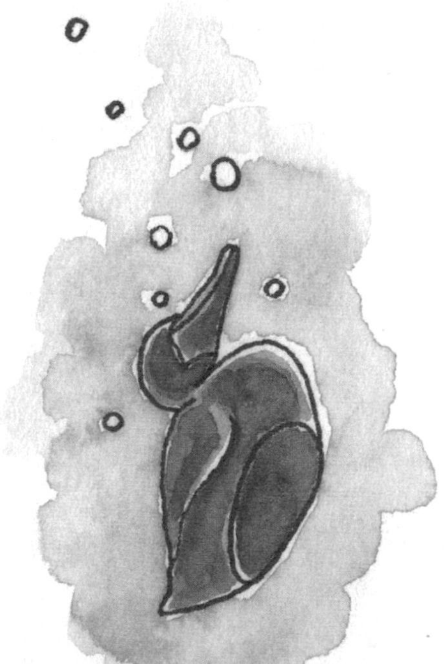

面對掌握權力、飛揚跋扈的對象，規勸和反駁都要有些技巧，否則就會給自己帶來麻煩。利用奉承和讚美的方式來減輕對方的防備之心，是可行的方法；一方面模

糊事件焦點，另一方面也使對方不至於對被拒絕產生過度反感。

就如同故事中的造船專家，明知威廉二世是個連鐵血宰相俾斯麥都可以立刻要他下台回老家的人，正面衝突對自己絕對沒有好處，但是，皇帝所設計出來的戰艦卻又是根本做不出來的無理設計，就算硬著頭皮承擔下來也絕對不可能造得出來，非得小心應對不可。

他非常清楚威廉二世命人把設計書交給他，是爲了要得到專家背書，所以乾脆利用自己的專業背景奉承對方，在綿綿不絕的讚美攻勢下，削弱對方面對被拒絕時的不悅感受。

用幽默代替沉默的行事守則

詛咒使人振奮，讚譽使人鬆懈。

——布萊克

以幽默打破距離與僵局

打破僵局的方式，最簡單的就是開個不傷大雅的玩笑，讓彼此會心一笑，只要笑開了，氣氛也就熱絡了。

十九世紀末，英國保守黨政治家哈里法克斯伯爵，曾經擔任過總督、外交部長和英國駐美大使等職務，是一個口才極佳又喜愛幽默趣味的人。

有一次，他搭乘火車前往巴斯旅行，當時與他共處一個車廂的是兩位中年婦女。

由於三人彼此完全不相識，而兩位淑女又都表現得既端莊又矜持，就連偶爾視線相交都幾乎沒有，整個車廂裡充斥著沉默與尷尬。

不久，火車開入一條隧道，一時間伸手不見五指，哈里法克斯竟突如其來地在自己的手背上吻了好幾個響吻。

直到火車開出隧道時，他才打趣地詢問兩位旅伴說：「剛才隧道裡的榮幸，我應該感謝哪一位漂亮的夫人呢？」

讓自己保持快樂的秘訣是：不要老是羨慕別人擁有的，而要發揮幽默感，想想自己目前所擁有的，以及可能獲得的。

開懷的笑是生活中重要的調劑，也是輕鬆軟化頑心的紓壓劑。

故事中的哈里法克斯雖然開了個不甚莊重的玩笑，但相信一定會令整個車廂裡的氣氛爲之一變。

在不相熟的環境裡，各有保留的心態下，場面很容易陷入僵局。而打破僵局的方式，最簡單的就是開個不傷大雅的玩笑，讓彼此會心一笑，只要笑開了，氣氛也就熱絡了。

氣氛熱絡了，也就間接地拉近彼此的心理距離，無論接下來要商談、要談話，都可以免除因爲距離或陌生而產生的防心。

用幽默代替沉默的行事守則

生活中有一種東西是不可或缺的，那就是安排時間與玩笑的時間。

——亞里士多德

PART 4.

再怎麼憤怒，也要維持表面禮數

不要輕忽行事有禮所帶來的好處，
赫魯雪夫前後態度雖然不同，
卻也突顯他就事論事的處事方法，
讓人無所挑剔。

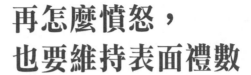

越是苦惱，越要輕鬆開玩笑

生命有起有落，人生有高峰也有險灘，如果不能用幽默的心情坦然豁達地面對，命運的重量會將你壓得喘不過氣來。

十八世紀的英國政治家謝爾本勳爵曾經因為一件細故，和富勒頓中校在上議院發生嚴重爭執。

當時，兩人吵得不可開交、臉紅脖子粗，最後竟演變成雙方約定決鬥來解決。決鬥的結果，富勒頓技高一籌，謝爾本的腹股溝處剛剛好被子彈擦過。他的助手一見，連忙趕過來，焦急地彎腰為他檢查。

沒想到，謝爾本還硬撐著，開玩笑要助手放心，他說：「還好，謝爾本夫人不會因為這個傷而變成全英國最可憐的太太。」

血流不止之際，還能拿自己太太的「性福」開玩笑，謝爾頓若不是傷勢真的不重，就是他苦中作樂的本領和幽默感超乎常人。

生命的歷程有起有落，人生的旅途有高峰，也有險灘，如果不能用幽默的心情坦然豁達地面對，命運的重量會將你壓得喘不過氣來。

爲生活苦惱，爲未來擔憂，是人之常情，但是，如果讓憂愁主宰了生活的一切，人生也未免過得太過痛苦了。

所以，越是痛苦的時候，越要打起精神開玩笑，讓笑聲驅走生命中的陰霾，紓解心靈裡的孤單。

一味地憂愁對事情沒有幫助，與其花時間無謂地煩惱，不如讓自己笑一笑，然後起身將深思熟慮的計劃付諸行動。

用幽默代替沉默的行事守則

如果有什麼事不是你的力量所能控制的，那就沒有必要發愁；如果你還有什麼方法可想的話，那麼也還是沒有什麼好發愁的。——喬治·彭斯

態度倨傲就難以見招拆招

> 談判時，最忌諱瞧不起對方；常言道「驕兵必敗」，自恃手中握有必勝王牌，而輕忽對手實力，是兵中大忌。

談判的時候，很多人喜歡先以氣勢來壓過對方，雖然在某些情況裡可以達到不錯的效果，但是一下子將談判空間踩死，如果對方不吃這一套，談判勢必破裂，也就失去了談判的原意了。

有一位婦人通過層層關係來面見林肯，當著林肯的面理直氣壯地說：「總統先生，請你一定要給我兒子一個上校的職位。我並不是來請求你的恩賜，而是我們本來就應該有這樣的權利。」

接著，她叨叨絮絮訴說家族的豐功偉績：

「我的祖父參加過雷新頓戰役，我的叔父是在布拉登斯堡唯一沒有逃跑的人，我的父親在納奧林斯之役中出了不少力，而我的丈夫更戰死在曼特萊之戰，所以……」

這名婦人尚未說完，林肯便接過她的話尾說：「夫人，您一家三代都為國服務盡忠，對國家的貢獻實在是夠多了，我也對此深表敬意。不知您現在是否能給別人一點為國效命的機會？」

這名婦人本來是想以列舉自己家人爲國盡忠的事蹟，替兒子向林肯爭取上校的職位，但是，她的姿態拉抬得過高，威脅意味濃厚，高傲的態度反而引起林肯總統的不悅。

所以，林肯不著痕跡，四兩撥千斤地反駁回去，以子之矛攻子之盾，打蛇隨棍上，婉轉地拒絕她的請求。

所謂「敵不動，我不動」，觀察對手出什麼招，然後見招拆招，效果必然勝過一下子掀開底牌，一翻兩瞪眼。

談判時，最忌諱瞧不起對方，態度倨傲；常言道「驕兵必敗」，自恃手中握有必勝王牌，而輕忽對手實力，是兵中大忌。

用「幽默」代替沉默的行事守則

傲慢一現，謀事必敗。

——希爾泰

用隱喻來表達言外之意

以隱喻來諷刺，可以讓聽得懂的人感到受用卻無須尷尬，至於聽不懂的人既然聽不出弦外之音，當然也就無傷大雅。

房龍曾經勸告我們：「容許別人有行動和判斷的自由，對不同於自己或傳統觀念的見解，要有耐心和公正的容忍。」

「妥協」不表示一味淹沒自己的聲音，而是在說出自己的看法之餘，也能傾聽別人的意見，適時地肯定別人、尊重別人。

以軍事立國的普魯士國王腓特烈王二世，晚年的時候因為身體不適，把一直為他治病的名醫齊默爾曼叫到床前來為他診斷。

診斷結束後，腓特烈二世調侃齊默爾曼醫生：「先生，我想你一定把許多人送到另一個世界去了吧。」

面對這樣的話語，醫生立刻回答：「不，我還沒有這麼大的榮幸接受這麼高的榮譽，我送得再多也比不過陛下多。」

面對調侃，齊默爾曼不甘沉默，拐著彎嘲弄腓特烈二世隨便掀起一個戰爭，就不知讓普魯士喪生多少軍民。

指桑罵槐，以隱喻來諷刺，有一個好處，就是可以讓聽得懂的人感到受用卻無須尷尬，至於聽不懂的人既然聽不出弦外之音，當然也就無傷大雅。

所謂「罵人不帶髒字」就是這個意思，言詞機鋒所組合起來的唇槍舌劍，有時

候反而能傷人於無形，運用機智的言語來表達自己潛在的意思，只要時機適當，效果自然不遑多讓。

霍桑在《美國札記》裡如此寫道：「詞彙——當它們排列在詞典中時顯得如此單純纖弱，但若是掌握在一個懂得如何組合它們的人手中，它們行善或作惡的能力會變得何等強大啊！」

言語的力量不可小覷，懂得善用的人，勝過手持寶刀利斧。

用幽默代替沉默的行事守則

我們講出來的每個詞都有它的反意的一面。

——歌德

推託，只會讓自己越來越弱

藉口自己技不如人，卻不針對問題去增強自己的實力，失去了對自我的要求，長久下來肯定會真的無法戰勝別人。

美國南北戰爭時代，有人在軍事會議上質問林肯總統，究竟戰場上南方軍隊的兵力有多少。

林肯二話不說就回答：「一百二十萬。」

這個答案立刻在現場引來一陣驚呼，因為這個數字遠遠超過

眾人所知的南方兵力，許多位列席的將軍更搞不清楚是不是情資上出了什麼差錯，總統和軍方高層獲得的資訊怎麼會差這麼多。

面對一張張驚愕和疑惑的臉，林肯接著說：「沒錯，就是一百二十萬。你們應該知道吧，多位將軍們每次作戰失利之後，總是向我報告失敗的原因是因為寡不敵眾，聲稱敵軍的兵力至少高出我軍三倍。我不得不相信他們，我軍目前在戰場上共有四十萬人，如此推算下來，南軍至少有一百二十萬人，這一點毫無疑問。」

我想，在場的軍方高層肯定全部黑了臉，因爲，每個人應該都聽出林肯語氣中的責備以及消遣。

勝敗乃兵家常事，戰場上沒有萬勝不敗的將軍，但是失敗了不肯認錯、檢討，只是一味地怪罪他人，顯然不可能有成功的機會。林肯幽默的言談，其實正一針見血地點出北軍軍隊心理上的弱點，那就是不敢坦然面對失敗。

生活在北美的印地安民族有這麼一句深雋的諺語：「不正面面對恐懼，就得一生一世躲著它。」

身爲軍隊統帥，林肯有義務要提醒所有的人去正視這個問題，否則北軍將永遠無法眞正提升戰力，也將毫無信心去爭取最後的勝利。

同樣的謊話說多了，久而久之自己也會被催眠得眞的相信。藉口自己技不如人，卻不曾針對問題去增強自己的實力，失去了那份對自我的要求，長久下來肯定會眞的無法戰勝別人。

所以，何必長他人志氣，滅自己威風？怯弱的話不要多說，推託的話不要多說，否則我們將變成毫無疑問的弱者。

用幽默代替沉默的行事守則

人，總是希望與其被人騙，不如自己騙自己。當然比起別人的謊言，人更相信自己的謊言。

——杜斯妥也夫斯基

推崇吹捧，是高明的拒絕手段

直接拒絕當然可以達到目的，但是以吹捧方式婉言相拒，卻可以留下模糊的距離，給予對方下台階的機會與空間。

法國近代史上的著名政治家塔列朗·佩里戈爾，在一次聚會上，剛好坐在斯第爾夫人和出名的美人雷卡米埃夫人中間，當時他的注意力顯然完全被後者的美貌所吸引了。

不甘被冷落的斯第爾夫人，於是故意打斷他們的談話說：「塔列朗·佩里戈爾先生，如果你、我和雷卡米爾夫人同坐在一條船上，船失事了，而你只能救一個人上岸，那麼你會選擇救誰呢？」

這樣故意刁難的問題，顯然就是要考驗佩里戈爾的社交功力，看看他究竟想得罪哪一個人。

只見佩里戈爾立刻站起來，朝她深深一躬，然後說道：「夫人，您無所不知，當然肯定知道怎麼游泳。」

在社交場合裡面，最怕說錯話；說錯了話，不但會使得場面變得尷尬，有時候還會對自己的人際關係帶來不少危機。

所以，佩里戈爾聰明地以奉承代替拒絕回答或出言不遜，斯第爾夫人就算明知佩里戈爾是在揶揄自己，聽了這話也絕對不好當場發作，否則反而變成是自己沒有氣度了。

斯第爾的高明之處，就是利用語言中的含糊特質，將結論轉向不同的方向，而不要與對方正面發生衝突。

直接拒絕當然可以達到目的，但是以吹捧方式婉言相拒，卻可以在彼此之間留下模糊的距離，給予對方下台階的機會與空間。

用幽默代替沉默的行事守則

不管一切如何，你仍然要平靜和愉快。生活就是這樣，我們也必須如此對待生活，要勇敢、無畏，含著笑容，不管一切如何。

——羅莎・盧森堡

明快答覆勝過支支吾吾

你要答案，我就給你答案，態度斬釘截鐵，有本事的人可以再發問，至於答案是真是假，就任憑各人想像了。

在政治領域裡，對於口才的便給和應對的能力，要求可說相當嚴格，特別是面對辛辣的問題時，有沒有足夠的風度和冷靜的氣度用機智加以因應，攸關著每個政治家的形象。

有一天，行事機智幽默的英國首相邱吉爾被問及，當一個政治家需要具備什麼樣的條件。

邱吉爾面不改色地回答：「政治家要能預言明日、下個月、來年，以及將來可能會發生的事情。」

這回答夠玄妙，所以那個人又追問：「那麼，假如到時候所預言的事情並未實現，又該怎麼辦？」

邱吉爾依然冷靜地說：「那就要再說出一個預言為什麼沒有發生的理由來。」

我們常常在媒體上看見許多名人接受訪問時，一旦被問及不想回答或不好回答的問題時，總是支吾其詞，顧左右而言他。

其實，謊言終究會被拆穿，而閃爍其辭的表現，一般來說反而更會令人好奇當事人到底在隱瞞些什麼。

結果，一樁本來大家不一定有興趣的事情，可能被狗仔隊越挖越臭，一旦被挖掘到什麼蛛絲馬跡，甚至被人發現故意說謊，原先刻意維持的形象立刻大打折扣，甚至可能從如日中天的地位瞬間跌落谷底。

所以，像邱吉爾的因應方式便很值得學習，那就是——你要答案，我就給你答案，態度斬釘截鐵，如果不滿意，有本事的人可以再發問，至於答案是眞是假，就任憑各人想像了。

用「幽默」代替沉默的行事守則

總得要有人說了算。否則每一種理由都會遇上另一種理由，爭論也就永遠無休無止。

——卡繆

面對言談陷阱，做出恰當反應

越是坐在高位，越要有把持自我的能力，以謙虛的態度面對所有的讚辭和謗毀，才能做出最合宜的反應。

美國總統林肯可以說是一位平民總統，雖然身為美利堅合眾國的最高主宰，但是並不會擺出一副高高在上的態度，反而經常以幽默的言行舉止，拉近自己與民眾的距離。

有一天，林肯的鞋子不小心踢到了土。對此，他並不以為意，只是掏出手巾來擦去鞋面上的塵土。

這時，剛好一名受命前來對美國示好的外交使節向他走了過來，見到他的動作，竟忍不住露出驚訝的表情。

這位使節連忙趨前，向林肯說道：「總統先生，想不到您竟在擦自己的鞋！」

林肯不慌不忙地把手巾甩甩手，收妥之後回答說：「是的，我當然擦自己的鞋，不然您擦誰的鞋子？」

這名外交官員既是爲示好而來，當然對美國有所企圖，很顯然的，他本來想強調堂堂一個美國總統竟得要自己擦鞋，暗示美國人實在太不懂禮數。林肯不卑不亢地反問他擦誰的鞋子，自然是直言譏刺對方的馬屁行徑。

地位高的人，接受逢迎拍馬的機會本來就比一般人還高，如果一下子被馬屁捧上了天，而忘了自己是誰，被馬腳拐倒的機會可就大多了。

林肯既然對外交來使的目的心知肚明，自然也就不會輕易地落入對方的言談陷阱，更反過頭來笑話對方那一副阿諛奉承的模樣眞是醜極了。

法國自然主義教育學家，也是思想家的盧梭，在《愛彌兒》一書中寫道：「偉大的人的過人之處越多，越是體認到他們的不足。」

這句話提醒我們，越是坐在高位，越要有把持自我的能力，以謙虛的態度面對所有的讚辭和謗毀，才能做出最合宜的反應。

用幽默代替沉默的行事守則

沒有比諂媚更危險的東西，因為明知是虛假，下意識裡你還是相信它。

——伍德華德

再怎麼憤怒，也要維持表面禮數

不要輕忽行事有禮所帶來的好處，赫魯雪夫前後態度雖然不同，卻也突顯他就事論事的處事方法，讓人無所挑剔。

前蘇聯總書記赫魯雪夫在蘇聯幾位領導人物中，算是屬於理智派的，自有一套舉眾不同的行事準則。

有一次，蘇聯在外交上打算介入剛果獨立所引起的政治危機，結果在聯合國的會議之中遭到西方國家的重重阻撓，赫魯雪夫氣得在會議上怒聲譴責聯合國議事不公。然而，不久之後蘇聯舉辦國宴，赫魯雪夫仍舊依照禮節發了一封邀請函，邀請聯合國秘書長哈馬金爾德到蘇聯首都來參加。

國宴上，赫魯雪夫對哈馬金爾德熱情款待，截然看不出他們兩人曾經在會議桌上彼此叫囂。

有人見了，不免揶揄赫魯雪夫，為什麼對一個之前曾經厲聲譴責的人表現得如此熱忱？這樣豈不是前後矛盾？

赫魯雪夫面帶微笑地反問發問者：「你知道我國高加索地區有一個傳統的風俗習慣嗎？當敵人在你家裡作客的時候，你要殷勤款待，與他分享麵包和鹽，可是，當敵人一跨出你的家門，你就可以割斷他的喉管。」

有一句話說得很好，「沒有永遠的敵人，也沒有永遠的盟友」，在歷史上我們可以找出許許多多的例證，國家或者個人可以爲了各自的利益而結盟，也可以爲了爭奪某一種利益而決裂。

在政治面的操作上，更是要小心地拿捏這個分際，才能立於不墜之地。赫魯雪夫自然深悉箇中之道，爲了爭取更爲寬廣的政治空間，表現得能伸能縮，在各種場合應對自如。

英國哲學家洛克說過：「凡是一個能夠受到大家歡迎的人，他的動作不僅要有力量，而且要優美。堅實是不夠的，就是有用也無濟於事；無論什麼事情，必須具有優雅的辦法和態度，才能顯得漂亮，得到別人的喜歡。」

不要輕忽行事有禮所能帶來的好處，赫魯雪夫前後態度雖然不同，但是卻也突顯他就事論事的處事方法，舉手投足讓人無所挑剔。

用幽默代替沉默的行事守則

如果我們舉止有禮、言談有善，我們就能粗暴地對待許多人而安然無恙。

——叔本華

坦然面對生命裡的失敗

人生中如果從不曾遭遇過挫折，未曾體會過失敗，那麼就好像餐餐只喝甜湯，沒有多久就會覺得膩，膩得要人命。

英國首相邱吉爾於二次世界大戰中臨危受命，由於謀略得當，與美蘇等國成功合作，有效地封鎖希特勒勢力越過英吉利海峽，當然也為終結戰爭帶來世界和平盡了舉足輕重的影響力。

然而，二次大戰後，在英國國會大選中，保守黨卻大敗，邱吉爾也不得不黯然

退下首相的職位。

當時，英國女王為了慰勞他的卓越功績，特地授予他一枚巴斯勳章，以感念他在大戰時所付出過的心力。

邱吉爾在受勳典禮時，忍不住感慨地說：「當選民把我解僱時，我又有何顏面來接受陛下所頒發的這枚獎章呢？」

邱吉爾能夠如此自我解嘲，也算是能瀟灑看待得失的表現了。既已落選，邱吉爾心裡十分明白這是百姓的選擇，縱使失落也無須自憐，所以才會開玩笑地暗示女王的好意其實是多餘的。

倘若沒有接受失敗的雅量，又如何能夠靜下心來品嚐成功的光榮？

人生中如果從不曾遭遇過挫折，未曾體會過失敗，那麼就好像餐餐只喝甜湯，沒有多久就會覺得膩，膩得要人命。

沒有人是完美無缺的，也沒有人是絕對錯誤的，面對生命的挫折，能夠彼此交換意見，相互理性地批評，才能相互成長。

就像生命裡除了甜，還有酸、有苦、有辣等其他的調味料，在一定比例的調和裡，才能煲出一鍋美味好湯。

用幽默代替沉默的行事守則

人間沒有永恆的夜晚，世界沒有永恆的冬天。

——艾青

PART 5.

看緊嘴巴，
把話說得更圓滑

三思而行，不只讓我們更謹慎，

也更能表現出誠意；

一句話在腦子裡繞過三圈再說，

往往能夠說得更完滿、更圓滑。

以睥睨的氣勢烘托架勢

善於運用睥睨氣勢，以藐視的態度來偽裝自己的需求，往往能夠反客為主。只要表現得夠權威，就不容人忽視。

撰寫《智慧書》的西班牙哲學家巴爾塔沙．葛拉西安認爲：「要獲取難得之物的最好方法，就是對它們不屑一顧。」

適時表現出你的輕蔑，可以恰如其分地烘托出你的架勢。

十九世紀的英國大法官史密斯口舌十分厲害，經常當眾讓人出糗，也因此得罪了不少人。

有一次，他被人逮到把柄，原來他經常在前往議會的途中，順道借用一下某個倫敦知名俱樂部的衛生設備。由於他不是該俱樂部的成員，所以幾位對他沒有好感的會員便集體聯名，要求該俱樂部的管理人員必須嚴格制止史密斯這種無禮的「掠奪」。

隔天，史密斯又再進入這家俱樂部圖個「方便」，誰知道才一走進去，立刻有一位侍者跟著進來，小心有禮地提醒他俱樂部的新規定，表示只有俱樂部的成員才能進入。

史密斯聽了，擺出恍然大悟的模樣，不經意地說：「原來，貴俱樂部竟然是廁所啊！」

史密斯明明是理虧在先，但是卻絲毫不示弱，這般做法肯定讓那名俱樂部的侍

者不知所措，回答也不是，不回答也不是，兩面都得罪了。

當然，這種「耍賴」似的做法並不值得鼓勵，但是卻也讓我們明瞭，有時候善於運用自己的睥睨氣勢，以藐視的態度來僞裝自己的需求，往往能夠反客爲主，取得先機。

重點就在於你的態度，只要表現得夠權威，就不容人忽視。

用幽默代替沉默的行事守則

只要你說話有權威，即使是撒謊，人家也信你。

——契訶夫

看緊嘴巴，把話說得更圓滑

三思而行，不只讓我們更謹慎，也更能表現出誠意；一句話在腦子裡繞過三圈再說，往往能夠說得更完滿、更圓滑。

英國作家托瑪斯．富勒曾經說：「如果你想在眾人之中受到敬重，你就得有控制自己嘴巴的本事。」

機智妙語可以在交際場合爲自己增添光彩，相對的，遭到冒犯時，脫口說出未經深思熟慮的話語，只會突顯自己粗暴淺薄。

有一次，一位年輕軍官行色匆匆地在走廊上疾走，結果與迎面而來的美國總統林肯撞在一起。

軍官一抬頭發現自己撞上的竟是總統，連忙高聲賠不是。

他驚慌地喊道：「一萬個抱歉！」

林肯聽了，拍了拍他的肩膀說：「一個就足夠了，但願我們的軍隊行動也都能如你一般迅速。」

有一種人動不動就把「對不起」掛在嘴巴上，儼然就成了他的口頭禪，聽久了，你還會認爲他是眞心的嗎？

就好比那位被林肯調侃的軍官，眞心的道歉一個就夠了，又何必加上一千一萬個？過度的誇張，有時反而會讓人質疑眞實度。

林肯一語雙關，不只提醒年輕軍官說話謹慎，不要太誇張，更點明匆促行事難免會讓人覺得輕率。

當一個人埋頭往前猛衝的時候，往往就難以兼顧周遭的事物，所以，要逞快，也要有效率，如果做不到，還不如慢下來，把事情做好。

三思而行，不只讓我們更謹慎，也更能表現出我們的誠意；一句話在腦子裡繞過三圈再說，往往能夠說得更完滿、更圓滑。

用幽默代替沉默的行事守則

如果你考慮兩遍以後再說，那麼，你說得一定比原來好一倍。

——佩恩

嚴肅行事很好，偶爾柔軟會更好

能夠以愉悅的態度和心情來面對生活的問題，不只能夠使處事過程更為流暢，與人溝通時也能圓滑一點、冷靜一點。

據說，二次大戰期間，在英國陸軍總部任職的曼克羅夫特勳爵是個行事認真、做事確實的人。

每當邱吉爾外出巡視的時候，他就會到首相官邸去，為邱吉爾在軍事大地圖標出英軍最近的作戰形勢，以方便邱吉爾巡視回來之後，能夠立刻對當前的局勢一目了然。

有一天，曼克羅夫特依照慣例又來到首相官邸，在會議室的地板上，把整張大地圖攤開。

他脫下帽子放在一旁，就整個人趴俯在地上，認真地使用彩色粉筆在地圖上註記了一個個戰略標記。

這時候，邱吉爾正好回來，一進會議室就看見曼克羅夫特趴在地上，狀似乞丐的姿勢十分滑稽，便開玩笑地不聲不響從口袋裡摸出一個便士，穩穩地扔進曼克羅夫特的帽子裡。

相信正全神貫注專心工作的曼克羅夫特被邱吉爾這個舉動一鬧，一定也會忍不住笑了出來，整個緊繃的情緒會稍有緩和。

給認真的人一個微笑，給他們的嚴肅與認真一個喘息的空間，適度與及時的柔軟，能夠令他們更加愉悅地進行自己的任務。這是人與人之間，彼此相互鼓勵、相互支持的一種良好互動。

能夠以愉悅的態度和心情來面對生活的問題，不只能夠使處事過程更爲流暢，與人溝通時也能圓滑一點、冷靜一點。

偶爾開開無傷大雅的玩笑，潤滑人際關係，讓彼此的心柔軟一點，對於事情的成效也有不少助益。

快樂做，甘願做，事情就能做得好。

「用幽默代替沉默的行事守則」

在生活中，你不會永遠有特權去做你高興的事。但是你有權利從你的所作所為中得到最多的樂趣。

——比爾·特利爾

與其事後道歉，不如事前評估風險

批評是以言語為利器攻擊別人的弱點；開口批評之前，先謹慎評估過，就能夠減少事後道歉卻難以彌補的風險。

二次大戰時，邱吉爾的重要內閣成員，英國政治家比弗布魯克男爵，一向以心直口快聞名。

比弗布魯克喜歡仗義直言，但也常常不看時間場面，話一說出口往往很難收回來，場面尷尬不說，當然也得罪了不少人。不過，他倒是有個優點，一旦察覺是自己的錯，也會勇敢大方地認錯，向人道歉。

有一天，比弗布魯克男爵就在「倫敦俱樂部」的廁所裡，上演了一齣「悔過記」。當時，他剛好碰上了年輕議員愛德華．希思，由於幾天前比弗布魯克男爵在報上放話痛批愛德華·希思，結果後來發現是誤信了不實消息，為此他覺得很不好意思，於是很快地走過去向希思道歉。

他說：「年輕人，前幾天的事真的很抱歉，請讓那件事情過去了吧，我承認那是我的過錯，現在我慎重向你道歉。」

希思聽了這番話，也只能點點頭，有風度地接受他的道歉，但是仍忍不住嘀咕地說：「不過，下一次，我希望你能在廁所裡攻擊我，然後在報紙上向我道歉。」

出手傷人，或捅人一刀，絕對不是一句簡單的「對不起」、「很抱歉」就能解決的。就像被釘子深深釘入的木板，即使將釘子拔起，仍然會遺留下一個深深的窟窿，只能粉飾，而無法消除。

批評，是以言語爲利器攻擊別人的弱點，一出口，就難免有傷亡。就好比銳利至極的手術刀，爲了割除毒瘤而動刀，自然無可厚非，但如果拿來無端傷人，卻會讓人斷筋挫骨，不可小覷。

話，張口就能說，至於怎麼能說得好，說得得體，說得有成效，說得不後悔，就得靠個人的修爲和功力了。換個角度來想，開口批評之前，自己先謹慎評估過，就能夠減少事後道歉卻難以彌補的風險。

用幽默代替沉默的行事守則

無論事之大小，如果想批評別人的行為，就應當首先設身處地仔細想想。

——福澤諭吉

用順水人情營造自己的聲名

多給別人一條路走，是一種寬容的態度，施恩雖然不能百分之百獲得回報，但是卻能在受恩者的身上綁上一條絲線。

一次世界大戰結束後，由法國總理克里蒙梭、美國總統威爾遜、英國首相勞合喬治一同在巴黎凡爾賽宮召開巴黎和會，三人也因而被稱為「三巨頭」。

其中，年紀最大的克里蒙梭，一向以雄辯強勢著稱，行醫出身的他，因為作風慓悍而得到「老虎總理」的聲名。

然而，老虎總理似乎也有溫情的一面。

一天，在克里蒙梭甫結束和威爾遜的會議，便急忙搭車趕赴美國豪斯上校的會談，想不到在車行途中竟遭到埃米爾．科坦的狙擊。

埃米爾·科坦一共開了八槍，其中一槍剛巧打中克里蒙梭逼近心臟的部位，幸好急救得宜並無大礙。

狙擊手科坦事後立刻遭到逮捕起訴，這樁刺殺案的判決很快就下來了，科坦被法院判處唯一死刑。

然而，被害者克里蒙梭卻在此時出面干預這項判決。

他說：「我們剛剛贏得了這場歷史上最可怕的戰爭，但是這位法國同胞卻使我們顏面大失，竟然一連開了八槍，只打中一次。他不當使用危險武器，理應受到制裁，但我個人建議先判他八年監禁，好讓他集中精力在靶場上好好練練槍法。」

以德報怨，不要欠人人情，而要讓別人來欠你人情。這番話聽起來像老生常談，但是在對己無損的狀態何妨略施小惠，確實既利人又利己。

克里蒙梭既然已撿回一條小命，如果爲了報復而刻意去剝奪另外一條性命，對他來說並無任何實質意義。

埃米爾・科坦既然敢動手暗殺，表示早已將生死置之度外，又怎麼會害怕被判決死刑呢？所以，克里蒙梭乾脆利用這個機會，表現出自己雍容大度的風範，無疑是眞正高明的政治家手段。

美國醫師作家麥克斯威爾・莫爾茲在《心靈的慧劍》中曾經寫道：「寬容別人吧，因為我們都不是神，本身就不是十全十美，只有適時寬容別人，我們才能獲得別人的寬容。」

適時寬恕別人的過錯，那麼在需要幫助的時候，我們或多或少都可以獲得一些有利的援助。

在自己能力範圍內，多給別人一條路走，是一種寬容的態度，施恩雖然不能百分之百獲得回報，但是卻能在受恩者的身上綁上一條絲線，只要這份牽絆仍在，對其影響力就始終存在。

用幽默代替沉默的行事守則

寬恕所產生的道德上震動，比起責罰所產生的要強烈得多。

——蘇霍姆林斯基

兩虎相爭可能兩敗俱傷

意氣，往往會使人的腦筋過度充血，也鈍化了感覺；任性逞了一時口舌之快，若是後悔了，恐怕是很難加以彌補的。

十八世紀英國政治家約翰．威爾克斯從擁護維新的政治傾向轉為守舊的保皇黨，政治態度上的搖擺當然也成為他為人詬病的弱點。其中，不少維新派黨員就常藉故以此嘲諷他，暗罵他是個反覆無常的人。

有一次，在皇室舉辦的晚宴上，支持維新的王儲就故意在威爾克斯面前，朗誦一段愛爾蘭作家謝利頓的諷刺小品，開頭幾句恰好是：「強尼．威爾克斯，強尼．威爾克斯，你是個偉大的騙子。」

「強尼」就是約翰的暱稱，王儲擺明就是藉古諷今，當眾要給約翰．威爾克斯難堪。

威爾克斯畢竟在政壇有過不少歷練，當然不會當場發作，落入王儲設下的陷阱之中，只是不動聲色地吞下心中的怒氣。

不過，威爾克斯可不是省酒的燈，他心底早就打算伺機報復。

等到王儲作手勢要人將桌上的麵包遞過來時，威爾克斯立刻主動送上麵包，並假意對王儲說：「祝福國王陛下健康長壽！」

威爾克斯明知王儲與國王不和，巴不得父王早日交出政權，因而故意在眾人面前唱反調。

王儲不好當眾發飆，只得冷冷回道：「我倒不知道什麼時候開始，你對我父王的健康關心起來了？」

威爾克斯見王儲上當了，便誇張地站起來鞠了個躬，說道：「自從我有幸認識閣下以後。」

事情至此，大家應該可以發現兩人之間的關係已經完全決裂，而且似乎毫無轉圜餘地，小小的心結不解，事情鬧大了可就難以收拾了。

美國詩人安．布萊史崔特寫過這樣的詩句：「缺乏智慧的權威猶如無刃的重斧，雖可擊傷他人，但卻難以琢磨發光。」

互相以言語攻擊，既非彼此激勵，不過彼此傷害，又何必呢？

王儲心眼狹小，以爲口頭上佔了便宜就高興了，但是威爾克斯也不知自制，兩人在晚宴現場鬧出的尷尬，如果沒有人出面調停，這頓飯還吃得下去嗎？所謂宴無好宴，多半是這個道理吧。

人很難避免在公衆場合出糗，或是遭到對手批評，這時應該設法用幽默代替沉默，表現出自己過人的機智，場面才不會難以收拾。

一個幽默的人，心地必定然是柔軟的，足以應付各種突如其來的狀況，同時也

能夠趁機突顯出自己的胸懷與氣度。

意氣，往往會使人的腦筋過度充血，蒙蔽了雙眼，也鈍化了感覺；任性逞了一時口舌之快，若是後悔了，恐怕是很難加以彌補的。

用幽默代替沉默的行事守則

在爭辯中，任何一方都不能從中學到任何東西。

——赫茲里特

先設身處地，再提出建議

以高高在上的姿態去勸戒別人，有時候會給人壓制的錯覺，即使是好意也可能因為莫名的反抗心理而引來誤會。

英國首相邱吉爾是一個眾所周知的謙恭紳士，擅長以幽默的口吻和態度來潤滑生活周遭的事務。

有一次，政府舉辦了一個大型宴會，許多政商名流都前來參加，宴會上氣氛熱烈、笑語喧嘩，賓主盡歡。

但是，宴會進行到一半的時候，禮賓司的一名官員，突然來到邱吉爾身旁耳語，說他看見某位賓客將宴會桌上的一只銀製鹽瓶放進了自己口袋，所以來請示邱吉爾該怎麼做。

宴會上非富即貴，為了一只小小鹽瓶而鬧得天翻地覆，似乎不是妥善的做法，但是既然已經發現，又怎麼能夠置之不理呢？

只見邱吉爾聽了之後並不作聲，只是繼續與賓客交談，那名官員以為邱吉爾就這麼算了，但沒過多久，邱吉爾竟故意在眾人面前，旁若無人似地將一只銀製胡椒瓶放進自己口袋裡。

邱吉爾身為首相算是這場宴會的主人，大家儘管看見了他這個奇怪的舉動，但也不好當面說些什麼，只敢在私下議論紛紛。

結果，就在宴會快要結束時，邱吉爾悄悄地走到那位拿了鹽瓶的

先生身旁，輕聲地對他說：「我的好朋友，我們的行徑都被人看見了，哎，只能放回去了吧，你說呢？」

現實生活隨時有意外降臨，出糗、難堪是每個人都會遭遇的人生考驗，你該做的不是憤怒、懊惱，而是要活用用幽默的智慧面對。

看見這樁「竊案」的人，顯然不僅是那位禮賓司官員和邱吉爾，但如果當面扯破臉，不只宴會氣氛搞僵，場面肯定也會鬧得很難看。所以，邱吉爾親自巧妙地讓自己落入和那位「竊賊」相同的處境，呈現出像是故意搭唱雙簧演出的效果，博得現場衆人一笑，也解除那位賓客的尷尬，更將被偷的銀製鹽瓶「物歸原處」，可謂一舉三得，這正是他細心和敏銳的一面與表現。

心性高傲的人總是習慣板起臉孔教訓別人，結果往往適得其反，既讓人下不了台，也爲自己樹立潛在的敵人。

只有用幽默的心情去面對問題，才能眞正征服人心。

以高高在上的姿態去勸戒別人，有時候會給人壓制的錯覺，即使是好意也可能

因爲莫名的反抗心理而引來誤會。

深明人性心理的邱吉爾，則以他世故的手腕和體貼的想法，將自己拉到和對方平等的地位，巧妙地化解問題。

用幽默代替沉默的行事守則

所謂內心的歡樂，是一個人過著健全的、正常的、和諧的群居生活，所感受到的那種喜悅。

——邱吉爾

別讓自以為是蒙蔽自己的雙眼

沒有自知之明又不懂察言觀色的人，人際關係很容易發生危機；自以為是又眼高於頂的人，則會讓自己陷入泥濘之中。

邱吉爾的父親斯潘塞‧邱吉爾公爵，是一位才華出眾、政績斐然的政治家，也是一位口才過人、妙趣橫生的幽默大師。

有一次，老邱吉爾在俱樂部樓上碰到一個讓他討厭的傢伙。這個人總是愛喋喋不休、自顧自地高談闊論，偏偏又常常言之無物，沒有內容，盡說些廢話，讓沒有耐心的邱吉爾公爵非常厭煩。這一天，這個人又纏住他不放，完全不把他臉上的不耐煩表情放在眼裡。

最後，老邱吉爾實在受不了了，便連忙叫住路過的一位男僕，吩咐他說：「你就待在這裡聽爵爺說話，直到他說完才可以走開。」

說完，老邱吉爾立刻溜之大吉。

有些人，話匣子 打開就停不下來，滔滔不絕如江水般的話語，如果內容有深度，聽者還多少能夠受益，但是如果對於說者的說話內容毫無興趣，那麼聽話就變成一種煎熬了。

老邱吉爾公爵剛剛好就是那種沒耐性的人，遇上這個不知看人臉色的傢伙，也難怪會不顧對方顏面，當面給那人難堪，讓對方下不了台。

沒有自知之明，又不懂察言觀色的人，人際關係很容易發生危機；而自以爲是又眼高於頂的人，則會讓自己陷入泥濘之中而不自知。

光顧著表達自己的想法，卻對別人的意見執意封閉，是相當自私的做法，也會讓人避之唯恐不及。

不要等到身邊一個「聽話」的人都沒有了，才來悔恨自己的錯誤，平時就要從留心周遭開始做起。

用幽默代替沉默的行事守則

只願說而不願聽，是貪婪的一種形式。

——德謨克利特

藉幽默的話語談論話題

道理不一定要嚴肅地講，規矩並不一定要板著臉來教，有時詼諧幽默的話語，反而能使人開懷大笑之餘加以思索。

法國總統戴高樂是一位頗為親民的總統，平常閑暇的時候，也喜歡和朋友一同在公園裡散散步、聊聊天，放鬆為政事煩忙的緊繃情緒。

有一天，他和朋友一同漫步公園，見到公園裡有許多成雙成對的情侶。

這時，戴高樂的朋友突然大發感嘆，對他說：「還有什麼比一對年輕男女在一起更為美好呢？」

戴高樂點了點頭，但接著說道：「但更令人羨慕的，是老夫老妻。」

年輕人的戀愛，總是轟轟烈烈，熱情激狂，確實令人神往，爲其中愛情的濃烈而感動。但是，能夠相伴長久的老夫老妻，多了相互體貼的溫柔，雖然溫和卻雋永且耐人尋味。

這是戴高樂的體悟，也是深切的感觸。若要刻意地談這樣的話題，恐怕聽來有點矯情，但是藉機藉題發揮又是一番不同的意味。表面上看起來像是故意和朋友唱反調、相互鬥嘴，但話語的本質裡卻是發人深思。

道理不一定要嚴肅地講，規矩並不一定要板著臉來教，有時一句詼諧幽默的話語，反而能夠促使人在開懷大笑之餘加以思索。

一個趣味的小故事，一個好笑的例子，在引人發笑的過程之中，往往能夠更加滲入人的內心。

用幽默代替沉默的行事守則

幽默不一定都促人發笑，幽默更多的是發人思考。

——松林

PART 6.

面對挑釁，要懂得巧妙回應

幽默的語言，是一種奇妙的文字排列，
同樣一句話，排列組合稍有不同，
聽起來效果就天差地別。

裝糊塗也是一種幽默的方法

裝瘋賣傻的背後，可能是一個工於心計的策略，越是迷糊、傻氣的表現，有時候反而是一種最大的嘲弄和諷刺。

眞要細數起生命裡令人手足無措、內心煩悶的事情，林林總總何其之多，如果不能找尋一種紓解的方式或宣洩的管道，人心恐怕會這麼不斷地隨著環境的變化而浮躁起來。

人在性緒浮躁的時候，頭腦也多半不太靈光，犯錯的機率就更高了。

有位哲人說，能夠運用幽默的方式，把自己所有的不滿和不快都包含在一笑之中，會是一種明智的選擇。

這句話聽起來還蠻有道理的，能夠適時適地裝糊塗，似乎是一種不錯的處世方式，有時還能達到意想不到的效果。

十五世紀時，曾經長期擔任倫敦西敏寺公學校長的理查德・巴斯比是一位個子相當矮小的人，但是這並不代表他的智慧也和他的身高成正比。

有一次，他走進一家咖啡館裡，當時人潮非常擁擠，突然身後傳來一聲叫喚：「喂，巨人，你可以帶我到座位上去嗎？」

他回頭一看，原來是一位身材高大的男爵，這個人一向以見識膚淺和生

活放蕩出名。

巴斯比不想和他動氣，應聲答道：「呵，侏儒，當然可以。」

那人擠過來他的身邊，故意說：「喔，請你原諒，我並不是在取笑你的身材，而是在說你的才智。」

巴斯比聽了這話，仍舊沒有動氣，面無表情地回敬他說：「放心，我也不是指你的身材。」

這場論戰並沒有煙硝味，但仔細一聽就可以發現，兩個人從頭到尾都在打迷糊仗，表面上各自裝糊塗，內心裡卻不乏精明的算計，也因此讓旁人看來精采無比、火花四濺。

俄國作家車爾尼雪夫斯基曾經說過：「一個人的詼諧大部分都是挖苦揶揄，因為他感到了侮辱；而挖苦則是受侮辱者的詼諧，劇毒的詼諧。」

裝瘋賣傻的背後，可能是一個工於心計的策略，越是迷糊、傻氣的表現，有時候反而是一種最大的嘲弄和諷刺。

冷嘲熱諷不是最好的待人模式，卻是必須備而不用的基本裝備，當正常的管道和反應失去準頭時，這個「救援投手」就得隨時上場。

用「幽默」代替沉默的行事守則

人不會裝糊塗，就不懂如何生活；裝糊塗既是盾，刀槍不入；也是箭，什麼盾也擋不住。

——阿雷帝諾

面對刺耳的話語，以幽默軟性反擊

幽默是一種軟性的反擊，在氣度和機敏度上勝過對方一籌，才能成功地扭轉局勢。

幽默有些時候是非常具有諷刺性的，但是，諷刺性的產生，通常並非一個腦袋主動性地想在言語上欺壓另一個腦袋，而是當一個人無端遭受到言語攻擊的時候，一種不願吃虧的直覺反應。

無心之言，說起來無心，可是聽在被攻擊的人耳裡自是刺耳得不得了，反擊，有時候可能也是一種即刻性的回應。

當然，人與人之間的種種言詞交鋒，其實也都代表著在各自的內心裡，對於這些話語的重視程度。

古希臘悲劇作家歐里庇得斯曾經對人表示，他有時候光是要寫下三句詩句，就得絞盡腦汁，花上三天的時間。

有一位詩人聽到他這麼說，忍不住驚叫：「那麼長的時間，我都可以寫出一百句了！」

此話傳進歐里庇得斯耳裡，他聳聳肩說：「這我完全相信，可是大概只會有三天的生命吧！」

那位詩人可能只是不小心脫口而出，可能千等萬等終於等到這個羞辱歐里庇得斯的機會，也可能他的話被人斷章取義，反正這句話聽進歐里庇得斯耳裡就不是滋味，也難怪他回話

時顯得尖酸許多。

有些領域講求快又有效率，有些領域講求慢工出細活，有些領域則完全與快慢無關，看的是創意和內涵。

至少在「詩」的領域裡，作家量產詩句的速度與否，顯然和詩句得以流傳千古與否的相關度極小，甚至可能完全無關的。

寫得多，不代表寫得好，寫得快也不代表寫得好；詩的好壞，和個人的學識經歷與創意天賦才有關係。

歐里庇得斯就是抓住這個重點來加以反擊，順著對方的話頭話尾，表面上贊同，實際上反駁，正是棉裡藏針的一種反擊模式。被反擊的人得要聽得出其中的精妙才能恍然大悟。

這個攻擊想要做得成功，首先態度得要夠誠懇，用語得夠幽默，回應的速度也要夠快，效果才能出人意表，攻擊於無形。

幽默，可以說是一種軟性而有效的攻擊，針鋒相對的回應效果會有折扣，因為諷

刺要對方能聽得懂話裡的含義才能產生影響。會選擇反擊，顯示局勢已經稍微令自己走向劣勢，而以幽默來回應，則是要在氣度和機敏度上勝過對方一籌，才能成功地扭轉局勢。

用幽默代替沉默的行事守則

惡劣的情緒不僅會損壞一個人相當出眾的才華，而且也會使人表現出蔑視一切的態度。

——斯湯達

面對挑釁，要懂得巧妙回應

幽默的語言，是一種奇妙的文字排列，同樣一句話，排列組合稍有不同，聽起來效果就天差地別。

幽默的言談有時候是訓練出來的，是一種高度靈敏的防禦能力。

不中聽的話，惡意的批評，刻意的挑釁等等，都會引發人的怒氣和內心的不愉快，然而，心裡不爽並不代表你只能吃啞巴虧，或是和人大吵一架、大打一場，在許多人際關係的戰場上，你可以選擇以巧妙的言語來回應。

這時候，懂不懂幽默，夠不夠機靈，就攸關你的勝負了。

西元前三世紀，在雅典城裡有位將軍名叫伊菲克拉斯特，出身非常貧苦，完全是依靠著自己的實力才達到顯赫的地位。

可是，有一個貴族十分眼紅伊菲克拉斯特的成功，故意在背後嘲笑他的出身，大肆嚷嚷說，伊菲克拉斯特不過是鞋匠的兒子，有什麼好囂張的。

話傳進了伊菲克拉斯特的耳裡，當然很不是滋味，即便對自己的出身沒有什麼好羞赧的，但是這種惡意挑釁還是讓人非常不爽。

於是，這名位高權重的將軍便找機會慢條斯理地回敬他說：「是啊，你說得很對，我們的確是不一樣的人。我們兩個之間最大的不同就在於，我的家族從我開始振興，而你的家族卻從你開始敗亡。」

原來，那名貴族是前雅典功臣阿莫迪斯的後裔。

阿莫迪斯在兩個世紀前曾經勇敢擊

敗暴君海皮亞斯，因為受人敬重而被封為貴族。他的後代在他庇蔭之下享有不少特權，但是家族勢力後來已然式微，所以那名貴族才會故意放話想羞辱伊菲克拉斯特，可惜反而自取其辱。

平白無故遭受屈辱，是可忍，孰不可忍，反擊應該是一種正當防衛。地位越高的人，越是容易遭受到各種大大小小的攻擊，所謂「高處不勝寒」就是這個道理；然而，也正是因爲地位高，權位重，不能隨心所欲利用自己的權勢來反擊，這個時候，幽默就能夠派得上用場了。

幽默的語言，是一種奇妙的文字排列，同樣一句話，排列組合稍有不同，聽起來效果就天差地別。

伊菲克拉斯特是一位大將軍，手中握有權勢，當然不可一世，但是他卻不能拿自己的權勢來對付那些背後說長道短的人，否則稍有動作可能就會被誣陷羅織罪名，豈不正中惡人下懷？

所以，他改以在言談上作文章，輕描淡寫的一句話就堵得對方臉上無光，既消了氣，又省了麻煩。

防衛，不僅僅只有一種模式，多思考一點，便能奏收事半功倍的效果。

用幽默代替沉默的行事守則

許多人之所以經常犯錯，並不是因為他們什麼不懂，而是他們老是以為自己什麼都懂。

——盧梭

威脅也可以說得非常幽默

動不動就大聲吼叫，企圖壯大自己的聲勢來威嚇別人，只會有起初的效果，久了人人都知道你只是隻愛吠的狗，誰也不會怕你。

想要在兩軍對峙時取得成功，就得有好的謀略，有時候軟攻有時候硬攻，戰術交相運作，才能夠收得出其不意的效果。

一味的妥協和因應，顯然在主動性上失了先機，可能就得處處受制於人，要想突破這種狀況，就得先下手爲強。

從下面邱吉爾的這則軼事，我們可以知道，威脅不一定要嚴逼武嚇，有時候看似幽默的說法也能讓人警戒在心。

英國首相邱吉爾有一個當演員的女兒名叫薩拉，後來決定要嫁給雜耍演員維克·奧利弗。當時，邱吉爾可是非常不中意這個女婿。

有一天，奧利弗來拜訪，和邱吉爾兩人一同在公園裡散步。

為了增進和準岳父之間的關係，奧利弗想盡了辦法找話題和邱吉爾閒談，於是問邱吉爾在二次大戰中他最敬佩的是哪一位人物。

邱吉爾一邊走著一邊回答：「墨索里尼。」

這個答案讓奧利弗聽了非常驚訝，因為這名義大利法西斯獨裁強人正是英國盟軍的最大敵人之一，他怎麼想也想不到邱吉爾會敬佩他。

邱吉爾接著說：「因為，他有勇氣甃了自己的女婿。」

這句話更讓奧利弗嚇得下巴都快掉了下來。

養過狗的人一定知道，愛吠叫的狗，看起來很凶，但多半只有警示作用，除非你逼得牠無路可退，牠才會忍不住咬你。

但是，面對那種低狺的狗，可得小心了，因爲那就是牠發動攻擊的前兆。

同樣的，動不動就大聲吼叫，企圖壯大自己的聲勢來威嚇別人，只會有起初的效果，久了人人都知道你只是隻愛吠的狗，誰也不會怕你，反而還會三不五時逗弄你一下，看你氣得跳腳卻拿人一點辦法也沒有。

邱吉爾本來就善於利用幽默的言行來表達自己的想法，就連威脅女婿都可以說得讓人難以招架卻又求告無門。相信奧利弗心裡縱是有百般的委屈，也因爲挑不出邱吉爾的任何一點語病，只能啞巴呑黃連，把苦水往肚裡呑。

誰叫他是老丈人呢？

更何況邱吉爾根本連一句重話也沒說，只是陳述一個事實，因爲墨索里尼的女

婿齊亞諾伯爵確實在一九四四年的時候因賣國罪而被墨索里尼判處死刑。

可是，這句簡單的陳述卻有無數的意涵隱藏在裡面，相信奧利弗即使心裡再不悅，也只敢臉上乾笑而不敢造次吧！

用幽默代替沉默的行事守則

一個人越是沒有理性，越是察覺不出傷害了別人為什麼也是傷害了自己，因為仇恨和嫉妒蒙住了他的眼睛。

——羅素

保持幽默的想法來面對危機

不論我們願不願意，問題都會發生，我們早晚都需要去面對，冷靜和沉著、樂觀和積極，將是我們處理問題的致勝關鍵。

生命裡不可能總是風平浪靜一路平順，危機隨時都有可能發生。如果我們不能冷靜小心地應付，不但憂慮很容易產生，事情也會越變越麻煩，使得風和日麗的好日子瞬間變天。

但是，哀愁著臉、皺著眉頭，事情還是存在，問題還是需要解決，哭哭啼啼就能把事情處理好嗎？

當然不可能，與其讓心頭佈滿陰霾，倒不如看開一點，保持幽默的想法和樂觀的心情，說不定轉機下一秒就會出現了。

十九世紀著名的英國陸軍統帥威靈頓將軍，曾經因為成功帶領英軍打贏半島戰爭而晉封為公爵。

後來，他又與普魯士名將布魯歇爾聯手，在滑鐵盧之役徹底擊垮拿破崙，粉碎了拿破崙稱霸歐洲的野心，從此聲名更噪。

威靈頓將軍一向以勇猛沉著聞名，有一次海上旅行，他所搭乘的船隻遇到海上風暴，由於風浪太大，船隻危在旦夕，隨時都有沉沒的危機。

過了不久，情況更危急，只見船長匆匆忙忙跑到威靈頓的艙房，大聲通報說：「糟了，我們就要完蛋了！」

當時，威靈頓正準備要上床睡覺，聽到船長的話，只淡淡地說：「那正好，我就用不著脫鞋了。」

幽默的想法其實是一種能夠適時扶我們一把的潛在助力。

把問題想得太複雜，只看到困難的一面，事情還沒開始做，自己先失了一半信心，成功的機率自然也大打了折扣。

相反的，以樂觀的態度來面對，才是解決問題的好方法。即使危機當前，精神緊繃，何妨以幽默來化解焦慮？順其自然，兵來將擋，水來土掩，事情總有撥雲見日的一天。

像故事中的威靈頓將軍，處理危機的能力顯然就勝過船長幾分。反正大家的命都繫在船上，最糟糕的狀況也不過就一同沉入海底罷了，驚慌失措、哀叫哭喊又有何用？還不如把力氣省下來，想想看還有沒有什麼自救的方法，說不定能夠逃過一劫。

瞧他在生死交關的時刻還有心情開玩笑，就可以看出他沉著的功力。

不論我們願不願意，問題都會發生，我們早晚都需要去面對，冷靜和沉著、樂觀和積極，將是我們處理問題的致勝關鍵。

用幽默代替沉默的行事守則

世界屬於熱情卻能保持冷靜的人。

——麥克費

別理那些帶著成見處世的人

所謂「虛心求教」，不正清楚說明我們先要將自己的心清出一個空間，才能真正從別人身上學習到一些我們原本沒有的東西？

有沒有碰過一種人，心裡明明早有了答案，還要來請教你的意見。

如果你的回答剛好切合他的想法，那麼彼此相安無事，你只不過是在無形中爲他背了書；如果你的建議和他預想的天差地遠，那麼你必定可以感受得到他從頭到尾的極度抗拒和坐立不安。

這種時候，或許你可以選擇省省你的口舌，不用提出建議，因爲他根本不需要，就算聽了也不會接受。

日本明治時代有一位相當著名的禪師名叫南隱，無論學識和涵養都相當受人敬重，有許多人不惜千里之遠，特地前來向禪師請益。

有一位大學教授，聽聞南隱禪師的聲名，頗不以為然，特地來到禪師的住處拜會，想瞧瞧他有幾分能耐。

可是，自他進門後，有好長一段時間，南隱單單以茶相待，卻不談佛說禪。

這樣的招待讓大學教授不禁感到疑惑，不過，他倒是沒有費事多問，打定主意看看這禪師到底在變什麼把戲。

一連串洗杯、溫杯的動作之後，禪師終於泡妥茶，準備為客人倒茶。

想不到，他一逕地在茶杯裡注入

茶水，直到整個杯子都倒滿了還不停手。

教授眼睜睜地看著茶水不停地溢出杯外，再也無法保持沉默，大喊：「別再倒了，已經滿出來了！」

南隱禪師手未停，淡淡地說：「你就像這只杯子一樣，裡面裝滿了自己的想法與看法。如果你不先將自己的杯子空掉，叫我如何對你說禪？」

這位生性高傲的教授想和南隱禪師一較高下，不料卻碰了一個軟釘子。

但是，仔細思索禪師所言，難道不是如此？當你心裡已經裝滿了種種個人的想法，又怎麼能聽得進去別人的說法呢？

所謂「虛心求教」，不正清楚說明我們先要將自己的心清出一個空間，才能眞正從別人身上學習到一些我們原本沒有的東西？

禪師毫不客氣地指出教授的問題，言談之中卻不帶半點火氣，以一種幽默的隱喻來提點對方，氣度與修爲果然不同凡響。

這位教授既然有求而來，就應該虛心受教，縱使對於對方的說法難以認同，也

該先聽聽對方的說法再詳加斟酌，不該一開始就抱持著挑釁的態度，如此自然惹得對方不悅。

幸好，禪師並不是一個懦弱的人，面對挑戰毫不退縮，還讓對方吃了啞巴虧，這一場拜會究竟是誰教誰領悟了道理，恐怕不言而喻吧！

用幽默代替沉默的行事守則

一場爭論可能是兩個心思之間的捷徑。

——紀伯倫

掌握技巧，才能把話說得漂亮

遇上出言不遜的人時，想辦法換個角度故意曲解對方的意思，諷刺得無聲無息卻又恰到好處，就一點也不會吃虧了。

打從小學開始，學校的課程裡就安排了一門「說話課」，大了以後總是不免對這件事情感到好奇，人不是打從出生起就開始學發音、學說話了嗎？話，每天都在說，怎麼到學校裡還得特地學說話呢？

其實，「說話」這件事可重要了，話人人會說，但如何才能把話說得漂亮，就需要下一番功夫鑽研了。

更重要的是，說好話要有技巧，得看情況、看場合、看對象，如果說不好，那還不如別說話來得好。

英國首相邱吉爾曾在七十五歲生日的時候舉辦了一場慶祝茶會，會中邀請了許多政商名流，各大報章媒體的記者們也都到場躬逢其盛。

有一位年輕記者，第一次和首相會面，心裡頗為緊張，交談時忍不住對邱吉爾說：「首相先生，我真希望明年還能來祝賀您的生日。」

聽了這番不吉利的「恭維」，邱吉爾的臉色倒是沒變，只是輕鬆地拍拍那位記者的肩膀說：「記者先生，你這麼年輕，身體看來也還算強壯，我想應該是沒問題吧！」

瞧，這不是說錯話了嗎？

本來是一句恭賀的話，說得不漂亮，反而成了觸人霉頭的話語，被反應靈敏的邱吉爾給調侃了一番，相信這名記者當時臉上肯定是一陣青一陣白，懊悔自己何不乾脆閉嘴，省得出糗。

關於說話不得體的影響，作家邱頓．柯林斯曾經這麼說：「我們的言談給我們帶來的敵人，遠比我們行動贏得的朋友還要多。」

話說得不好的壞處，還有個例子可以佐證。

電影〈喜宴〉裡，男主角的愛人賽門為了獲得男主角父母的好感，特地準備了禮物。他準備了營養品送給男主角的父親，也準備了面霜給男主角的母親，出發點當然是好的，一個保健身體；一個養護青春，但是，他偏偏正中了兩老的死穴，一個怕人提他的身體不好、行將就木；一個怕人提她青春不再、年華老去，目的當然沒達成，反而造成兩老誤會。

問題就出在他的話說得不夠漂亮。

那麼，當我們在日常生活或社交場合遇上出言不遜的人時，又該怎麼辦呢？難

道只能白白吃啞巴虧嗎？

或許，可以學學邱吉爾用幽默代替沉默，想辦法換個角度故意曲解對方的意思，諷刺得無聲無息卻又恰到好處，就一點也不會吃虧了。

用幽默代替沉默的行事守則

每個人都會在自己不感興趣的問題上，以極出色的幽默感去與人爭辯。

——塞繆爾．約翰遜

換個觀點，缺點也能轉換成優點

有勇氣去面對自己的弱點，有魄力去改正自己的缺點，那麼即使有人針對弱點來對付你，你也能以自我解嘲來從容應付。

每個人都會有弱點和缺失，你我都無法否認，這些弱點與缺點，經常會被有心人抓在手上，變成攻擊的把柄。

你當然可以想盡辦法改善你的弱點，也可以努力改進你的缺點，但是有時候來不及改善，適時換個角度和想法，說不定就能將缺點轉換成優點。

這就是幽默的話語和機智的腦袋所能辦到的「不可能任務」。

美國科學家也是最著名的發明家愛迪生，童年時代的生活過得頗為刻苦，為了維持家計，必須到火車上兜售糖果、點心和報紙之類的小東西，以換取微薄的金錢。然而，非法在火車上進行銷售行為，在當時是不被許可的。

有一次，愛迪生在火車上賣報時，不巧被一個力大如牛的列車長逮個正著，那個列車長不只怒聲斥責愛迪生，更不由分說動手打了他一個耳光。

這個粗暴的一巴掌打壞了愛迪生的耳朵，從此愛迪生失去了聽力，變成聾人。

然而，日後愛迪生卻不曾心生怨恨，反倒常在公開場合說：「我真得感謝那位先生，在這個嘈雜的世界上，是他使我清靜下來，不必堵著耳朵去做實驗了。」

愛迪生一生當中，一共取得了一千多種發明的專利權，其中留聲機的發明讓他最為得意。當時，有人問他為什麼不發明一種助聽器，他想也不想地說：「你在過去的二十四小時內聽到的聲音，有多少是非聽不可的呢？沉且，一個人如果必須大聲喊叫，就絕對不會說謊了。」

若有人在公開場合裡，有意無意拿你的弱點做文章，你該如何反應？會不會像一般人面紅耳赤或支支吾吾地無言以對？

愛迪生選擇以幽默的態度來回應，一方面表現了自己的氣度，另一方面也巧妙地把自己的缺點轉化為優點，讓人不得不佩服。事情本來就有多種面相，要從哪一個角度看起，全憑你的選擇；選擇不同，答案就全然不同。

有些人總是戴著悲觀的眼鏡看世界，於是看到了絕望，看到了沮喪；但有些人卻能夠戴上樂觀的放大鏡，在絕望中發現處處都是希望。

每個人都有缺點，你何必因為自己的弱點而自卑？倘若你是個對自己的缺點一無所知的人，相信這個缺點不會為你帶來任何困擾；如果你很清楚明白，但卻無法改善，或從不同的角度觀看，那麼問題就來了。

當然，問題並非沒有解決之道，怕的是你不敢面對自己的短處，缺點無從改起，也無法轉化爲優點，在別人面前也只好永遠矮上一截。

有勇氣去面對自己的弱點，有魄力去改正自己的缺點，那麼即使有人針對弱點來對付你，你也能以自我解嘲來從容應付。

用幽默代替沉默的行事守則

應該睜大眼睛瞪著困難，衡量困難的大小，對它進行分析。那時，你就會覺得困難並不如它外表看起來那樣可怕。

——諾曼·文森特·皮爾

用幽默將挫折變轉折

幽默，是一瓶洗滌痛苦和煩惱的高效能除污劑。人生有許多無可避免的挫折，只有幽默，才能化這些挫折為轉折。

傳統教育下的東方人堅信「不重則不威」，因此較不注重幽默感，但是在西方，有沒有幽默感常是判斷文化修養高低重要的一環，能在尷尬場面中用幽默化解的，往往會被認爲是最勇敢和聰明的人。

出糗與批評，是每個人都沒有辦法逃避的人生考驗，敵人永遠會想辦法挖掘你的弱點，刺激你的缺陷，好讓你暴露出更多弱點，然後輕而易舉把你攻擊得體無完膚。如果你懂用幽默代替沉默、用微笑代替發飆，不但會讓對方無從下手，更表現出自己的高超智慧。

林肯便是歷屆美國總統當中最具幽默感的人，他的幽默無人能及，被後人稱為「一代幽默大師」。

一天，林肯正要上床休息，突然接到一通電話，電話那端的人請示他說：「稅務主任剛剛去世，能否讓我來接替稅務土任的職務？」

林肯認為對方資歷不足，立刻回答說：「如果殯儀館同意的話，我個人不反對。」巧妙地婉拒了對方。

又有一次，林肯在台上演講時，收到台下傳來一張紙條，上面只寫了一個斗大的字：「笨蛋。」

林肯看了非但沒有一絲不悅，反而高舉著這張紙條，面帶微笑地說：「我身為總統，經常收到許多匿名信件，大部分都只有正文，不見署名，然而，這位傳紙條給我的先生卻正好相反，他真是糊塗透了！只寫上了自己的名字，而忘了寫內容！」

幽默的應對態度對生活確實有許多好處，林語堂在《論幽默》一書中說：「幽默是人類心靈的花朵。」

古希臘的醫學家也認爲：「幽默是治療疾病的調節方法。」

黑格爾說：「幽默是豐富而深刻的精神基礎。」

康德認爲：「幽默是理性的妙語解頤。」

著名的精神分析大師弗洛伊德則告訴我們說：「最具有幽默感的人，是最能適應環境的人。」

幽默，不只是爲了帶給別人歡樂，更是一瓶洗滌痛苦和煩惱的高效能除污劑。

人生有許多無可避免的挫折，只有幽默，才能化這些挫折爲轉折。

「用幽默代替沉默的行事守則」

在這個世界上，沒有人能吹噓他不需要別人幫助、接濟。

——蘇利．普呂多姆

PART 7.

隱喻可以
降低對方的敵意

隱喻，是一種幽默的形式，
重點就在於不把話意點明，
讓聽話者自行決定話語中的意涵，
既可以降低敵意，也可以達到目的。

罵人不一定要大聲怒吼

罵人不一定要大吼，一句話可以說起來不慍不火，不帶一點威脅，可是聽起來卻讓人毛骨悚然。

我們無法避開與別人意見衝突的可能性，所以需要學習如何在盛怒之際保持自己的風度，因爲先抓狂的人就輸了。

這個時候，幽默的話語會對你有所幫助，你可以用盡諷刺和隱喻，以翩翩風度把罵人的話說得既漂亮又具備威嚇和警告的意味。

法國國王路易十五有個極愛惹事生非的堂兄，名叫孔泰・德・沙羅萊，不但性格暴虐、脾氣暴躁，更是惡行不斷，幾乎可以說是個惡貫滿盈的人。

他的嗜好是看人受傷受苦，比方有一次，他的車夫不小心撞倒在一個路上行走的修士，那個場面卻引起他的興趣，非但沒有立刻派人醫治那名被撞傷的修士，反而命令車夫在路上尋找任何一個可能被撞的修士，然後故意把修士撞倒。

又有一次，沙羅萊無來由地愛上看人從高處跌落的姿勢，竟命人擊落一名當時正在屋頂上鋪瓦片的工人。

事情越鬧越大，有人忍不住一狀告到路易十五面前，要他立刻處決沙羅萊以平民憤。

但是，路易十五卻對於該怎麼做感到有點猶豫，因為沙羅萊的背

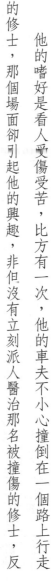

後有著許多貴族勢力在幫他撐腰，才會讓他如此有恃無恐。

後來，路易十五決定原諒沙羅萊，表示對他之前的惡行死刑可免，但是必須負擔他所造成的傷亡賠償和道義責任。

語罷，路易十五冷冷地看著沙羅萊，加上一句附註：「不過，我也會原諒任何一個開槍射你的人。」

俗語說得好：「惡馬總被惡人騎。」

法網恢恢，疏而不漏，沒有可以全然逃脫在外的惡行，也沒有完全無人可治的惡狀，即使逃過得了一時，也逃不過老天的報應。「不是不報，只是時候未到」，這句話說得就是這個道理。

沙羅萊再怎麼囂張，權位總是比不過身爲國王的路易十五，而路易十五即使投鼠忌器，也還是有辦法可以治他，一句話說起來不帶半句威脅，可是聽起來確確實實讓人毛骨悚然。今天沒有辦法動他，不代表永遠沒機會，路易十五等於是默許刺客暗殺，有仇報仇，有冤報冤。如果沙羅萊繼續執迷不悟，被暗槍擊斃的日子恐怕也不遠了。

路易十五顧全了沙羅萊的面子，也成功地達到威脅的目的，無疑向我們示範譴責和威嚇的話原來也可以說得如此不慍不火。

用幽默代替沉默的行事守則

溫和、真誠的態度，比怒罵的聲音更能征服人心。

——戴爾・卡內基

以含蓄的譏諷表達怒氣

以含蓄的語氣表達自己的怒氣，不是懦弱，也不是退讓，而是一種自我克制的表現；懂得控制自己的情緒，才是真正成熟的人。

所謂人生不如意的事情十之八九，既然不如意所佔的比例這麼高，顯然我們得找些方法來發洩自己的怒氣，否則長期下來，無法排解的情緒堆積在心裡，終究是會出毛病的。

但是，隨便生氣、任意發怒，絕對不是一種想在這個世上好好活著的辦法，遇到不如意的事情，何不利用一點小小的幽默感發洩一下情緒，既不傷大雅，又能減輕心理負擔？

英國第一位獲得諾貝爾文學獎的作家拉雅德．吉卜林，曾經寫下《叢林奇談》、《吉姆》……等精采絕倫的作品。

有一次，一家報社不知從哪裡得來他過世的消息，未經求證就刊登在報紙上，這個事件當然引起吉卜林心裡的不愉快。

但是，吉卜林很有文學大家的風度，雖然心裡頗為生氣，卻沒有任意發飆的意思，也沒有按鈴控告那家報社的打算。

只是，沒多久，那家報社的編輯便收到了一封吉卜林的親筆信。

吉卜林在信上寫道：「由於我剛剛獲悉我已去世的消息，所以請別忘記將拉雅德・吉卜林的名字從貴報社的訂戶名單上劃掉。」

如果吉卜林眞的不介意這家報社的作爲，那麼他沒有必要特地寫信去，寫信的目的當然就是想表達自己內心的不悅。但是，如果眞的刻意去製造什麼衝突，似乎又沒有那麼必要，非但事情本身的嚴重度不高，小題大作恐怕也會讓人質疑堂堂諾貝爾獎得主的氣度。

所以，這封短箋去得理所當然，也恰到好處，既已清楚地表達了吉卜林心底的感受，又不會讓場面變得尷尬到不可收拾的地步。相信那位出錯的編輯以後必定再也不敢如此輕率行事了。

幽默的諷刺和隱晦的譏諷，其傷害的力量嚴格說來是不輸槍炮刀劍的。然而，只有在口頭上作文章，顯示說話者本身的自制能力尙未失控；聽話者倘若能聽得其中的意涵，不論心中作何感受，爲了顧全自己的顏面，大抵也不會當衆發作，一波檯面下的暗潮洶湧就此發生。

以含蓄的語氣表達自己的怒氣，不是懦弱，也不是退讓，而是一種自我克制的表現；懂得控制自己的情緒，才是眞正成熟的人。

用幽默代替沉默的行事守則

禮貌像只氣墊，裡面可能什麼都沒有，卻能奇妙地減少顛簸。

——約翰遜

換個角度陳述事實

誠實，的確是一種良好的美德，但是不看場合、不夠委婉、直接不修飾又讓人難堪的真話，有很多人在當場是接受不了的。

批評與建議其實是一件非常困難的事。批評得好，不但幫助被批評者檢視自己的錯誤，也提供了妥善的建議；若批評得不好，得罪了人，不但交情破裂，彼此關係生變，對事情本身也沒有實際的助益。

所以，想要讓自己提出的批評成功且有效，又不至於傷及和氣，開口說話的時候，就得多加留意。

十八世紀時有一位歌劇名伶，名叫索菲亞·阿諾爾德，不但歌聲非常動人，在

舞台上風姿綽約的演出和迷人的身段，更是風靡了無數的觀眾。

但是，她的喉嚨發生了狀況，治癒之後雖然恢復良好，但是似乎再也不像以往一樣自如地運用她的嗓子。

當她的音樂劇碼再開之時，仍然吸引了大量的觀眾，全場幾乎座無虛席。雖然索菲亞·阿爾諾德的嗓音不似以往，但是她的身段和丰采仍然為她贏得了無數的掌聲。

有一位義大利的經濟學家加利亞尼也赫然在座，這名經濟學者平日在音樂鑑賞方面也頗為權威。演出結束後，阿諾爾德發現加利亞尼在場，立刻前來拜會，客氣地請教加利亞尼，請他評定一下她今晚的演唱成果。

這真是個難題，只見加利亞

尼沉思了一下，中肯地說：「這是我一生中所聽過最優美的氣喘聲。」

阿爾諾德是曾經風靡一時的名演唱家，此次復出自然備受矚目，她對於自己的演出表現也極爲重視，因此，會想聽聽在音樂鑑賞方面頗有名氣的加利亞尼評論是很容易理解的，假若得到了加利亞尼的肯定，就表示她的演出仍在水準之上。

然而，對加利亞尼來說，如此公開的評論卻是一件不容易的事情。

顯然的，阿爾諾德的嗓音確實不如以往，但實話實說，怕阿爾諾德一時臉上無光難以接受，倘若不說實話，又違背了自己的良心和專業素養。所以，他選擇以一句幽默的俏皮話來應對，聽起來像玩笑話，卻包含了某種程度的眞相，語帶批評卻不至於出口傷人。

誠實，的確是一種良好的美德，但是不看場合、不夠委婉、直接不修飾又讓人難堪的眞話，有很多人是接受不了的。實話實說或許維護了眞實，卻傷害了人際關係，得不償失；在這兩種向度之中，到底有沒有妥協的可能？

或許，我們可以在批評之前先想想，我們批評的目的是什麼？是爲了剔除腐

肉、清潔傷口，還是爲了折磨對方而在傷口上灑鹽？

倘若只是對對方不滿而口出惡言，那麼這句批評不需要由你來開口，倘若是爲了幫助對方進步，那麼你就該提出建設性的批評。你可以參考一下加利亞尼的做法，從委婉和幽默出發，換個角度陳述事實，在朦朧之中走向眞實。

用幽默代替沉默的行事守則

留心避免和人爭吵，可是萬一爭端已起，就應該讓對方知道你不是可以輕侮的。

——莎士比亞

把難題拋回給對方解決

把問題直接丟回給對方，將難題交由對方來解決，詼諧的語句和幽默的反應輕鬆地將對方拋出的球擊回，既不囉嗦又省得麻煩。

也許是因爲溝通不良，也許是因爲彼此不夠了解，當然也可能只是因爲彼此看不順眼，這個時候，你可能會遇上刁難。

難題通常不會沒有解決的方法，而且方法可能有許多種，成效各有不同。但是，惡意的刁難就不同了，解決的方法不只選項大減，更有可能因爲出題者故意隱藏，讓人摸不著頭緒，只能窮著急。

遇到別人故意刁難的時候，你得先冷靜觀察對方的破綻，找機會反將一軍，好讓對方不得不改弦易轍。

十九世紀末到二十世紀初，物理界出現了一線曙光，德國物理學家威廉·康拉德·倫琴於一八九五年時發現一種特殊射線。

這種射線被取名為「倫琴射線」，也就是後來醫學界經常使用的「X光線」，倫琴的發現轟動了整個德國，更震驚了整個物理學界。

倫琴的聲名水漲船高，各地信件也如雪片般飛來，有一次他收到了一封令他幾乎哭笑不得的郵件。那是一封訂購信，信裡表示要向他郵購X射線。

倫琴最後提筆回了一封極為幽默的信，他在信上寫道：「很抱歉，我目前手頭上並沒有X射線的存貨，而且郵寄X射線是一件相當麻煩的事情，因此恕難從命，不如請你把胸腔寄來！」

姑且不論這封來信是當眞還是開玩笑，顯然都是一封辭意表達不完全的信件，所以才會被倫琴抓到語病，狠狠地嘲弄了一番。

解決問題的方法，永遠不會只有一個，全看我們如何選擇。就好像下象棋的時候，對方的車一路直闖禁區威脅將帥，解圍之道除了想辦法把車吃掉或派遣重兵保護之外，還有一個有效的方法，就是先反將一軍，讓對方不得不陣前抽車或是棄車保帥。

倫琴便是把問題直接丟回給對方，將難題交由對方來解決，不管對方是故意刁難還是辭不達意，都讓對方先搞清楚狀況以後再來。詼諧的語句和幽默的反應輕鬆地將對方拋出的球擊回，既不囉嗦又省得麻煩。

用幽默代替沉默的行事守則

言語是人類心智的軍火庫，其中藏有以往的戰利品，及未來的征服武器。

——科爾列治

問題越困難，答案越簡單

只要找對了方法，我們就能夠回答任何一個問題。縱使生活中難題處處，但千萬要相信難題自有簡單之處。

每一天，我們都會面臨到很多的問題，我們可以把問題想得很困難，難得讓自己不敢再多想；我們也可以把問題想得很單純，從容易解決的部分開始解起，難題便能迎刃而解。

一個複雜的結，沒有動手去解，結永遠在那裡，不會消失。只要靜下心，試著從其中一端開始解起，剛開始可能越扯越亂，但是隨著結被扯鬆開來，就能慢慢地理出頭緒。

所有的問題，其實都可以用簡單的方式來回答。

瑞士教育學家斐斯塔洛齊有一次被問了一個意在刁難的問題。

那個人問道：「請教大師，你能不能從襁褓中就看出一個小孩長大後會變成什麼樣的人？」

「當然可以！」斐斯塔洛齊聽了，倒是很乾脆地回答：「這很簡單，如果襁褓中是個小女孩，那麼她長大後一定是個婦女；如果是個小男孩，那麼他長大就會是個男士。」

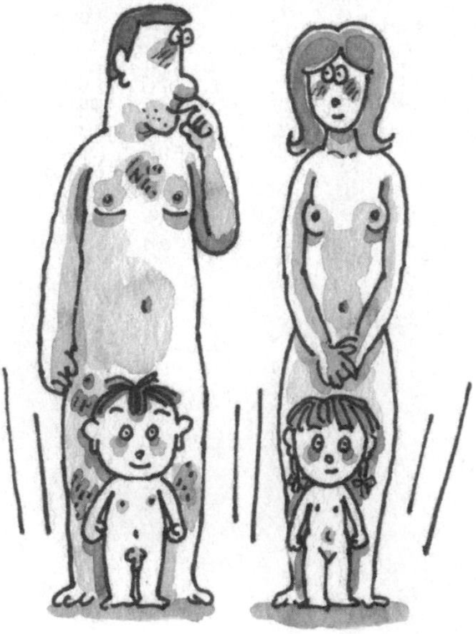

相信所有的人聽完，一定很想和那個人一樣回答：「這不是廢話嗎？」

沒錯，這可能是廢話，但是你能說這不是一個正確的答案嗎？是的，這個答案每個人都知道，那麼你為什麼不敢回答？

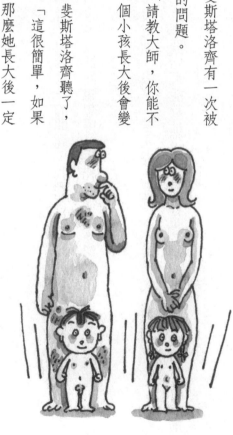

問題之所以困難，往往是因爲我們不願意把問題想得簡單一點，不願意從根本處尋求解決的方法，而又過於顧忌旁邊的枝枝節節，讓太多雜亂的表象把自己的眼睛迷得失去方向。

哲學家們試圖找尋生命的意義，那是一個曠日廢時的艱鉅研究，但是我們細讀哲學家的語言便會發現，他們所探求的問題都是從最基本的開始，從一般人視之理所當然的現象談起。

要相信我們是有智慧的，要相信只要找對了方法，我們就能夠回答任何一個問題。縱使生活中難題處處，但千萬要相信難題自有簡單之處。

用幽默代替沉默的行事守則

真理並不是要從腐朽的書中去尋求，而是要在思想中尋求。

——波斯格言

你可以把禮貌用得更巧妙

你可以選擇在焦躁與衝動的狀態下完成，也可以選擇平心靜氣地完成，但是後者對於環境的和諧必定比較有幫助。

英國維多利亞時代有一種十分獨特的風格，就是極端注重形式，講求繁文縟節，每個人每天做什麼事，符不符合身分地位等等都有極爲嚴格的規定。舉止無禮的人會被斥爲野蠻、粗俗，摒除在社交圈之外。

當然，維多利亞時代及其背後的種種問題弊端已經成爲過去，但是，我們卻不得不承認一點，禮貌在我們的生活中確實佔有舉足輕重的地位。比方說，兩個人發生了爭執，一個風度翩翩、語調輕緩，一個粗魯無文、口吐穢語，以一個完全不明瞭爭執原由的旁觀者來看，會認爲誰有錯呢？

所以，面對無禮的人，你就得以極致的禮貌來對付他。

西元前六世紀，釋迦牟尼經過一連串苦修，終於在菩提樹下頓悟得道。從一位印度王子到一位得道至尊，他一路走來，並不是全都一帆風順。

比方說，有一次他到了一處城市講道的時候，突然有位男子闖進了講道會場，劈頭就胡亂以髒話把釋迦牟尼罵了一頓，打斷了講道。

釋迦牟尼並沒有阻止那個人的謾罵行徑，也沒有讓人將他趕出去，只是面帶微笑地看著他。

等那個人罵完之後，釋迦牟尼才開口問道：「謝謝您的指教，請問，如果一個人送禮給另一個人，

結果受禮人拒絕接受那份禮物，那麼最後禮物應該歸誰呢？」

那個人沒料到釋迦牟尼會突然這麼問他，沒多想就不悅地回答：「當然是歸還送禮的人啊！」

釋迦牟尼點了點頭說：「好吧，我拒絕接受你剛才送我的那些骯髒話，現在就全數歸還給你吧！」

著有《珍珠的選擇》的以色列作家所羅門．伊本．加比洛爾曾經說：「是否能對粗魯者保持耐心，是檢驗良好禮貌的標準。」

從這個標準來看，釋迦牟尼已經通過了考驗，而且在彬彬有禮的態度之下，成功地維護了自己的尊嚴。

做事情的方法有很多種，你可以選擇在焦躁與衝動的狀態下完成，也可以選擇平心靜氣地完成，很難說哪一種方法比較有效率，但是，後者對於環境的和諧必定比較有幫助。

然而，態度和緩並不表示就得當一顆又軟又好咬的軟柿子。你可以想像自己是一顆水蜜桃，雖然外衣柔軟，但是對方若有意瞧輕而不明所以地胡亂咬下，中心的硬核肯定令對方牙關發疼，吃盡苦頭。

以有禮的態度來輕蔑對方的無禮，以謙和的舉動來睥睨對方的粗暴，遇到無理的事情，你可以選擇惡形惡狀，也可以捨棄無禮，靜心地用智慧應對。

用幽默代替沉默的行事守則

應當耐心聽取他人的意見，認真考慮指責你的人是否有理。如果他有理，你就修正自己的態度；如果他理虧，只當沒聽見。若他是一個你所敬重的人，那麼可以通過討論，指出他不正確的地方。

——達文西

隱喻可以降低對方的敵意

隱喻，是一種幽默的形式，重點就在於不把話意點明，讓聽話者自行決定話語中的意涵，既可以降低敵意，也可以達到目的。

只要是人就會犯錯，當互動對象的言行舉止有所偏差，而你卻不能直言無諱地指責，最好採取旁敲側擊和委婉勸告的方式來進行。

這種情況最常發生在職場裡，在聘僱關係當中，員工發現老闆犯了錯誤，規勸和忠告當然必要，但除非員工已經不在乎這份工作，否則態度上最好不要失了分際。

言談之際保持安全的距離，無論老闆的氣度多大多小，能否聽從勸告，都是老闆自己的事了。

希臘寓言家伊索曾經是一名不自由的奴隸，不過由於他的口才好，頭腦又聰明機智，幾次成功為他的主人分憂解勞，因此頗受主人的信任。

有一次，伊索受命宰了一頭羊，主人命令他用羊身上最可口的部位來烹調一道菜。

沒多久，伊索就端上來一盤由心和舌頭快炒而成的佳餚。主人吃了讚不絕口，大大地誇獎了伊索。

第二天，主人要他改以羊身上最不爽口的部位烹調一道菜。

伊索點頭允諾，過了一會兒，他端上來的竟還同樣是心和舌頭的快炒。

這下主人可納悶了，忍不住問他：「這是怎麼一回事，最可口的部位是這道菜，最不爽口的部位還是這道菜？」

伊索不慌不忙地回答：「主人啊，如果心地正直、語言公道，這兩個部位便是世上最美好的東西；但是，倘若用心險惡、語言齷齪，那麼這兩個部位便是所有人都討厭的。」

主人聽伊索言之有理，便打消了責備他的念頭。

所謂忠言逆耳，由於良言忠告通常是針對缺點而來的批評，雖然很重要，雖然很有幫助，但是一般人很難聽得進去。

有句話說得極妙：「我們對大多數恩人的感激之情，恰似對拔去我們壞牙的牙科醫師的感情。我們承認他們做了好事，把我們從不幸之中解救出來，但我們也會記得他們帶來的痛苦，因而不會十分喜歡他們。」

從這一點看來，我們大概也不難猜出爲什麼歷史上那麼多忠臣最後下場總是很慘，總是在忠臣壯烈犧牲之後，君王才會感慨地追憶他們。

回過頭來看看伊索的故事，主人的命令就算沒有刁難的意思，也有考驗之意，想要看看伊索會如何來解決問題。

所幸，伊索的反應確實夠靈敏，不但以不變應萬變，而且說出一番道理，將隱喻的功能發揮到極致。

隱喻，是一種幽默的形式，重點就在於不把話意點明，讓聽話者自行決定話語中的意涵，如此既可以降低對方的敵意，也可以達到自己的目的。

用幽默代替沉默的行事守則

世間有思想的人應當先想到事情的終局，隨後著手去做。

——伊索

良性溝通才是最好的互動

拋開情緒，針對問題來理性處理，掌握彼此尊重以及平和的原則，問題就不需要以爭論來解決了。

有人說夫妻之間床頭吵、床尾和，偶爾吵吵鬧鬧，其實也是增進彼此感情的生活情趣。

這句話聽起來似乎蠻有道理的，但是，仔細一想，卻不禁讓人覺得有再思考的空間。人與人之間會有意見上的歧異，是在所難免的，可是，需不需要以爭吵來決定勝負，恐怕就有待商榷。

吵架的時候，任憑誰也沒有辦法保持禮貌，再怎麼據理力爭、就事論事，也難保情緒失控的時候不會口出惡言。換句話說，每吵一次架，就可能說出一句會讓自

己日後感到後悔的話。

縱使誤會解開，爭執有了定論，彼此和好了，但是兩人之間曾經有過的裂痕，再怎麼修補仍然看得出痕跡，誰也不敢擔保，當下一次的爭執出現，對方不會再重翻舊帳、重提舊事。

如此循環下去，傷害只會一次又一次的加深。

眼前的平和，或許只是假象，唯有雙方仍存有維繫彼此關係的心，才不會輕易讓爭執破壞了和平。可以溝通的時候，就千萬別吵架；感情不見得會越吵越熱，心倒是會越吵越遠。

英國經濟學家希尼．衛布有位賢內助——社會學家碧翠絲，兩人合作

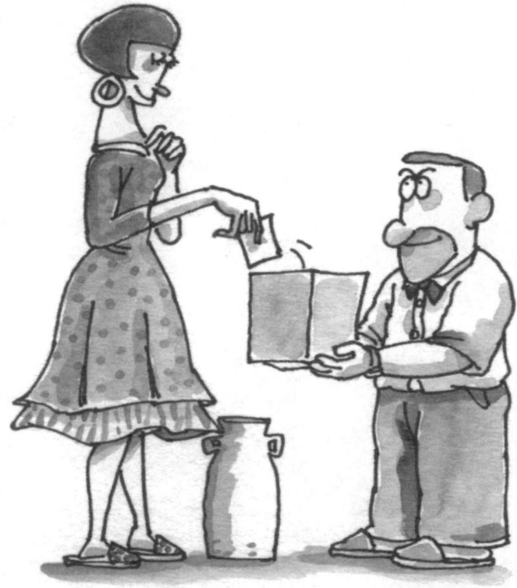

無間，不只在學術界都有不凡的成就，對於英國社會主義思想的發展和經濟改革也都有重要影響力。

有人曾經好奇地詢問碧翠絲：「為什麼你們夫婦二人對於一些當代的重要問題，觀點竟是如此一致？」

碧翠絲聽了，笑著說：「我們結婚之前就彼此商量好了，未來在處理重大問題上一定要意見一致，所以由希尼來決定我們該如何投票，而我則負責確定什麼是重大問題。」

她一邊說著，眼睛裡閃耀著慧黠的眸光。

作家諾斯爾曾經說：「經營婚姻生活有點像買彩券，不同的是，如果你沒中獎，可以將彩券撕掉，但婚姻不行。」

碧翠絲．衛布幽默的話語裡，透露了許多夫妻間良好互動的小秘訣。

我們可以看出，衛布夫婦便是良好溝通模式的代表，他們能夠拋開情緒理性處理問題。由他們的做法可以知道，這種良好的互動並非空中樓閣，衛布把問題的決

定權交到妻子的手上，碧翠絲則把溝通模式的決定權交到丈夫手上，兩個人的意見都受到尊重，問題的本身也多了思考的空間，這也難怪兩人總是能夠保有平和的意見一致。

夫妻之間的問題，關起門來還是得解決，掌握彼此尊重以及平和的原則，問題就不需要以爭論來解決了。

用幽默代替沉默的行事守則

相較於對勝利的期望，和平是更好、更安全的。

——李維

用微笑代替發飆的應對智慧

懂得幽默的人，知道如何用微笑代替發飆。懂得幽默的人，知道如何用幽默化解尷尬與窘迫。

遇到不如己意的事情，要當場發脾氣很容易，困難的是克制自己的怒氣，用微笑代替發飆，用幽默解決問題。

機智幽默是人際互動的最佳應變智慧。動不動就發飆，跟別人爆發衝突，不但無法解決問題，更會突顯自己的粗俗幼稚；眞正有智慧的人，即使被激怒，也會選擇用幽默的方式化解可能上演的衝突。

西班牙哲學作家巴爾塔沙·葛拉西安認爲要「允許別人開自己玩笑，但是不要開別人的玩笑」，因為前者是一種雅量，後者卻有可能令人陷入困境。萬一你不清楚對方容忍玩笑的底限，就可能為自己帶來麻煩。

在社交場合裡開開小玩笑，自然是無傷大雅，要弄幽默的語言得當，也可以為自己開拓人際關係。但不要忘記了，玩笑的尺度得要小心拿捏，否則玩笑開過了火，反射回來的箭自己說不定也無法承受。

美國劇作家馬克．康納利最受人矚目的特徵就是他光亮的頭頂一根毛髮也沒有。他的禿頂有人恭維是智慧的象徵，但總是有不少人會拿來取笑。

比方說，有一天下午他在阿爾貢金飯店喝茶，突然有一位中年人伸手在他的頭上摸了好幾下，還失禮地想佔他便宜說：「我覺得你的頭頂，摸起來就像我老婆的屁股一樣

光滑。」

從來不吃啞巴虧的康納利聽了他的話，立刻也伸手往自己的頭上摸了摸，然後點點頭說：「嗯，你說得沒錯，摸起來確實像你老婆的屁股一樣。」

那個中年人的行為真是極端無禮，言語更是分外粗俗，幸好康納利的性格夠沉穩才能從容應對。康納利更巧妙地運用幽默機智，順著對方話語，反將對方一軍，那個人想佔便宜，卻反而被人佔了便宜。

開玩笑要小心，因爲玩笑開了過頭，非但無益於人際關係的增進，反而會引起許多無謂的紛爭，徒增困擾。

有時候不是我們故意要與人起爭端，但有誰會心甘情願受人侮辱？謙讓忍耐到了一定程度，就得改弦易轍，否則豈不是被人當成了軟腳蝦！

該反擊的時候就要反擊，切莫遲疑，更要掌握時機、形勢，讓所有局面的優勢移轉到我們身上。

無傷大雅的玩笑，爲了維護氣氛融洽當然可以不計較；保持風度，維持謙恭，

也是表現出我們的格調，但是對方眞的過分，就要以其人之道還治其身，畢竟再怎麼尊重對方，也不能放棄自我的尊嚴。

懂得幽默的人，知道如何用微笑代替發飆。懂得幽默的人，知道如何用幽默化解尷尬與窘迫。動輒與人爆發口角，只會遭到別人鄙視，懂得運用機智和幽默來化解衝突的人，才是眞正有智慧的人。

用幽默代替沉默的行事守則

我們的信念是不停燃燒的燈火。這不僅僅帶給我們光明，也照亮周圍。

——甘地

PART 8.

要識時務，也要扭轉情勢

局勢不利於己的時候，
要懂得引導形勢，
眼光要看得比別人遠，
腦筋要動得比別人快，
才能立於不敗之地。

有時以退為進，有時以進為退

有時候，一味的強求不一定有用，或許反其道而行，反而會得來意想不到的效果。

漢代開國功臣韓信是個用兵高手，曾經想過一個謀略讓劉邦的軍隊繞過項羽的監視，發動突襲，得了戰功。

這個戰略名爲「明修棧道，暗渡陳倉」，表面上派兵修復棧道，其實兵員和糧草暗地裡前進陳倉，成功的掩人耳目，達成目標。

這個遮掩眞實意圖的方法，不只在打仗的時候好用，對於處理煩雜的人際關係也不失爲良方。

十九世紀英國詩人羅伯特．布朗寧最擅長寫長詩，只要一作起詩來就沒完沒了，從來不知厭倦。

不過，在社交生活裡，他卻最憎惡任何無聊的應酬和閒扯。

有一次他又不得不參加一場社交聚會，在會場被一名紳士拉住，這個人自稱是他的詩迷，一拉住他便滔滔不絕地就布朗寧的作品提出許多問題。

可是，這名紳士東拉西扯了一大堆，布朗寧既不知他為何而問，也不知問了何用，更不知從何答起，聽久了便覺得十分不耐煩，當下決定要一走了之。

於是，他打斷那人的話，以極有禮貌的態度說：「親愛的先生，請原諒我一個人獨佔了你那麼多時間，現在我該把這個機會

讓給別人了。」

布朗寧的口吻幽默，表面上好像不好意思耽誤了對方太多時間，實際上卻暗自竊喜終於脫離苦海，這又是個「明修棧道，暗渡陳倉」計謀成功的例子。

有時候，一味的強求不一定有用，或許反其道而行，反而會得來意想不到的效果。所謂「以退爲進」就是這個道理，當然，有時候「以進爲退」也不失爲妥善的保全之道。

生活裡的謀略數也數不盡，沒有萬無一失的策略，也沒有毫無用處的計謀，端看我們如何靈活去運用，因時制宜，見機行事。

用幽默代替沉默的行事守則

一個非常的成功者，一定有著當機立斷抓住時機的能力。

——拿破崙

利用幽默的言談轉移焦點

在社交場合裡，懂得視對象不同把握幽默的分際與分寸，更能成功地經營自己的社交生活。

在群居的社會裡，人與人之間需要互助合作，當然少不了社交活動。然而，只要有社交活動的場所，我們就不能缺少幽默感與幽默的言談技巧。

妥善地把握了這個技巧，就可以將社交言談的脈動掌握在手裡，自由地主導話題、轉移話題。

想要改變形勢，就得把主導權掌握在自己的手裡，有時候必須以強勢的態度令對方屈服，有時候適合採委婉的手段引導對方走向自己設定的方向，更有時候要佯裝謙卑引君入甕。

談話時也一樣，當你對談論的內容不感興趣的時候，不妨利用幽默的語法，巧妙地轉移話題，讓對方既明白你的意圖，也不至於感到尷尬。

十八世紀英國文學家塞繆爾·約翰遜，也是一位語言學家和新聞記者，曾經在一七五五年編訂了一套《英語語言詞典》，這本詞典對於當時的英國學界影響極大，頗受好評。

有一次在一個社交場合裡，有兩位女士一同來向約翰遜致意，她們大力讚美詞典本身的價值，除此之外，更特別讚賞約翰遜在詞典裡刪除了許多不雅、猥褻的用語。

約翰遜並不想在公開場合裡和兩位女士討論這種淫詞穢語的事情，靈機一動，故作驚訝地問：「喔！親愛的，這麼說，妳們都已經找過那些詞囉？」

兩名女士聽了，立刻羞紅了臉，連忙轉移話題。

在社交活動中，往往會有不得不出言諷刺的時候，可是說話太尖刻、挖苦他人，反而顯露出自己的器量不夠，所以適度在話語中添上了幾分幽默的色彩，就可以讓諷刺的意圖提升到不同的層次。

當然，在實際的社交場合裡，懂得視對象不同而把握幽默的分際與分寸，更能收得良好的效果。因人、因事、因時、因地，視不同的需求展現不同形式的幽默，更能成功地經營自己的社交生活。

用幽默代替沉默的行事守則

最有希望的成功者，並不是才幹出眾的人，而是那些最善於利用每一個時機去發掘開拓的人。

——蘇格拉底

用幽默的態度回敬別人的蔑視

如果不為自己的尊嚴奮鬥、爭取，便是給了別人蔑視你的機會。這種觀感與印象一旦成形，再也不會有人敬重你。

每個人都希望自己被人尊重，但是，想要得到別人的尊重，不是隨口說說就行了，也不是銜著金湯匙出生就算；無論你是誰，無論你出身如何，你都可以從尊重自己開始，進而獲得別人的尊重。

因為，自己的尊嚴要靠自己爭取與守護。

在歷史上，黑人經常受到白人的歧視。在一次大戰的時候，有一名黑人少校軍官在路上與一名白人士兵狹路相逢，白人士兵明明已經看見少校迎面而來，但是他見對方是名黑人，就故意不對上校敬禮。

只見他旁若無人地與對方擦身而過，而後，身後傳來一個低沉而堅定的聲音：「請等一下。」

那名白人士兵聽了，不耐煩地停下腳步，回過身來，一臉挑釁。

黑人軍官不慍不火地開口：「士兵，你剛才拒絕向我行禮，我並不介意，但是你必須明白，我是由美國總統任命的陸軍少校，而這頂軍帽上的國徽則代表著美國的光榮和偉大。你大可看低我，但身為美國士兵的你卻必須尊敬它。現在，我把帽子摘下來，請你向國徽敬禮。」

那名士兵知道自己理虧，只好向軍官行禮。

這名行事不卑不亢的黑人少校，就是後來成為美國歷史上第一位黑人將軍的班傑明．戴維斯。

英國知名學者湯恩比曾經如此對「尊嚴」下過註解：「尊嚴不是相對的，而是絕對的。任何有價值的東西，都不能代替尊嚴和榮譽。」

人若是爲了獲得財產和社會地位，甚至爲了保衛自己的生命而出賣自尊和榮譽，不僅要受到別人的蔑視，而且也要受到自己的蔑視。

喪失尊嚴和榮譽，換來的只是道德上和肉體上的怯懦。尊嚴是任何東西也替代不了的，一旦失去就再也無法挽回。

換言之，如果不爲自己的尊嚴奮鬥、爭取，便是給了別人蔑視你的機會。這種觀感與印象一旦成形，再也不會有人敬重你。

戴維斯以幽默卻堅定的口吻，令該名白人士兵不敢不向他敬禮，在於他明白行禮與否雖然是形式，但是這也是態度的問題。

他的成功，不只來自於他的自信，也來自他對自己的定位；他不曾看輕自己，當然也不會容許別人看輕他。

戴維斯的成功，值得我們學習；戴維斯看重自己的態度，和不卑不亢的行事原則，更是我們應該主動去學習的。

用幽默代替沉默的行事守則

人假使沒有自尊心，那就會一無價值。

——屠格涅夫

狂妄暴露了你的脆弱

一個驕傲的人，看不見自己的弱點，也瞧不見自己的盲點，當然就避不開來自眼界未及之處的攻擊。

相信人人都聽過「驕兵必敗」這句成語，對自己有信心是一項成功的要點，但是過度自我膨脹顯然便是缺點了。

比方說，進行研究的時候，我們不可能全盤創新，一定是站在前人的肩膀上眺望，才能看得更高更遠。前人所累積的智慧與經驗能夠幫助我們發現新方法，避開舊錯誤，所以，好好地進行文獻探討，或許你會發現自己的能力與想法不過滄海中的一粟。

當然，就算我們只不過是滄海中的一粟，卻依然保有自我的價值，重點就在於

我們如何虛心地與別人交流，如何彼此激盪出知識的新火花。

十八世紀的英國文學評論家理查德．波爾森，對於古希臘文學有極精深的研究，在學術界裡也頗具盛名，稱得上是當時的古希臘文學權威。

有一名年輕學者自認對古希臘文學頗有心得，又聽聞波爾森的盛名，便主動提議與他共同研究，帶著自己的研究計劃前來請波爾森指教。

波爾森耐心地聽完他的分析，認為年輕學者所知仍不夠豐富，但在言談間卻處處透露著自負，對於他的狂妄和不自量力相當反感。

於是，波爾森忍不住對他說：「你的建議非常有價值，因為把我所知道的和你所不知道的部分加在一起，將會是一本曠世鉅著。」

相信那名年輕學者聽了波爾森的這番話，一定覺得面子掛不住，但是他之所以得到這樣的待遇卻怪不得別人，因為是自己的態度出問題，引起波爾森的反感，才故意諷刺他。

英國辭典作家富勒曾經諷刺地這麼說：「愚人的名字，就像愚人的面孔，總是出現在公共場所。」

愚人的特徵是無知，卻狂妄得自以爲無所不知。

學海無涯，知識無疆，相信沒有人敢自稱無所不知，就算是針對某個專業領域研究的學者，也不敢說自己對該領域完全了解透徹，反而是越深入探究越發現自己不足，越深入鑽研越明白它的浩瀚無垠。

有開創性思想是好的，有批判性精神也是好的，但是毫無來由的狂妄反而突顯出背後的脆弱與不足。一個驕傲的人，看不見自己的弱點，也瞧不見自己的盲點，當然就避不開來自眼界未及之處的攻擊。

越是飽滿的稻穗，越是接近地面；越是研究透徹的人，越是懂得謙卑；虛心，不是虛偽也不是自輕，而是懂得在傾聽與思考之後，再下判斷。

用幽默代替沉默的行事守則

對上級謙恭是本分，對平輩謙恭是和善；對下級謙遜是高貴；對所有人謙遜是安全。

——亞里斯多德

誰開你玩笑，就把玩笑開回去

忙碌的日常生活壓力，讓我們變得嚴肅；笑容能軟化我們臉上的稜角，驅走我們心中的愁緒。

生活裡有著種種壓力，逼得我們不得不去面對現實。我們生存在這個社會上，勢必得去面對一些共同的社會價值，像身材是許多人津津樂道的話題，也是許多人避而不談的話題。

男人要長得高大壯碩，女人要窕窈嬌媚、天使臉孔魔鬼身材，這樣的價值觀念使得衆多健身中心、瘦身機構紛紛成立，使得許多人爲了外貌的問題苦惱。

其實，胖瘦高矮，先天的體質早有定論，本來就各有各的樣，我們又不是工廠生產的產品，怎麼能夠只以一種標準來衡量？所以，萬一有人拿你的身材問題開玩笑，何妨運用一點幽默感，把玩笑開回去！

愛爾蘭劇作家蕭伯納是一位個子非常高的男士，但是身材非常瘦削；至於英國作家也是評論家切斯特頓則和他相反，高大的身材卻非常壯實，每次兩個人站在一起，對比總是特別鮮明。

有一次，蕭伯納開玩笑地對切斯特頓說：「我要是像你那麼胖，我就會去上吊。」

切斯特頓聽了這話，不怒反笑，回敬說：「要是我想上吊，一定拿你來當上吊用的繩子。」

兩個人一來一往，誰也沒吃虧，也沒誰佔到了便宜，但是我們卻能從這一段對話之中發現，兩位作家都是極具幽默感的高手。

蕭伯納建議切斯特頓上吊，目的就在強調他身材那麼胖，上吊的話肯定死不了；至於切斯特頓也不甘示弱地回敬，蕭伯納的身材細得像枝蘆葦，正好能拿來當上吊繩。

蕭伯納和切斯特頓兩個人都拿對方的身材做文章，但是用語卻幽默得讓人捧腹，減緩了嘲弄的意味，增添了不少趣味，相信看過他們兩人互動的人，一定備覺貼切、有趣。

日本有一類綜藝節目，內容主要安排藝人搞笑，有人說單口相聲，有的做兩人對談，當然也有整組人馬一同說學逗唱，目的都在於利用幽默的對話與動作來令觀衆發笑，劇情有別於一般俊男美女談情說愛的感人落淚。

在美國脫口秀的主持人更是聲望勝過不少電影明星，可見得一般普羅大衆對於笑聲的需求程度之高了。

忙碌的日常生活壓力，讓我們變得嚴肅；笑容能軟化我們臉上的稜角，驅走我

們心中的愁緒，保持幽默感更能夠讓我們以不同的角度來看待事情，生活也就不至於過度呆板了。

覺得生活太過緊繃了嗎？覺得心情過於沮喪嗎？覺得日子有點無聊嗎？那你該找個時間好好的笑一笑了，也許就試著從開個幽默的玩笑開始吧！

用幽默代替沉默的行事守則

你可知道，人類總是高估了負面情緒會為自己帶來的後果。

——蕭伯納

要找藉口，就不要賣弄小聰明

當我們絞盡腦汁、努力去想藉口和理由的時候，其實我們反而暴露出自己，只是想藉由說服別人來說服自己。

遇上棘手又麻煩、甚至超乎自己能力的事，只有兩種面對的方式，一是硬著頭皮承接下來，另一個則是想辦法找藉口開溜。

我們當然不鼓勵大家沒有責任感地推託了事，但是有些事就是不做要比硬做來得好，這個時候拒絕可就要很有技巧了。

據說，有一次英國首相邱吉爾召見蒙哥馬利將軍，言談之間，邱吉爾忍不住建議蒙哥馬利多研究一下邏輯學，好有助於戰略思考。

但是，蒙哥馬利一向對於邏輯學毫無興趣，很擔心自己會陷入其中反而糾纏不清，便想找個藉口來推託。

他說：「首相先生，你聽過這樣一句諺語嗎？所謂『了解和親暱會產生輕蔑』，也許我越是研究邏輯，便會越加輕視它。」

邱吉爾聽了取下煙斗，對蒙哥馬利說：「你說得很對，不過，我要提醒你，沒有一定程度的了解和親暱，什麼也不會產生出來。」

蒙哥馬利之所以藉由諺語來回答，一方面想找藉口推掉一件自己不感興趣的苦差事，另一方面也想表現出自己不是只會打仗的莽夫，因此稍微賣弄一下文采。

顯然，蒙哥馬利這個藉口不只想得不夠好，而且弄巧成拙，不然也不會被邱吉爾三言兩語就以幽默的反語輕鬆化解，讓他更顯得顏面無光。

英國作家伯斯金．史蒂芬森曾說：「在小事上吹牛的人是傻瓜，至於在大事上吹牛的人則是超級大傻瓜。」

大家都知道吹噓是不好的習慣，但是，偏偏很多時候我們的腦袋就是管不住嘴巴，爲了顯示自己並沒有矮人一截，故意賣弄小聰明，甚至試圖藉由詭辯來抬高自己的身價，殊不知，在別人眼裡只是個裝腔作勢的傻瓜。

《智慧書》的作者葛拉西安曾說：「不要為了免俗而玩詭辯之術。」

這句話強調，詭辯在乍聽之下可能蠻有道理的，但若是被揭穿了卻反而會自取其辱。至於採取詭辯的人，多半判斷力不夠健全，而且不知謹言慎行。

換言之，當我們絞盡腦汁、努力去想藉口和理由的時候，其實我們反而暴露出自己，只是想藉由說服別人來說服自己。到頭來，別人對我們的把戲早已看得一清二楚，眞正受騙上當的只有自己。

或許，眞正的解決方法就在於不要刻意客套，不喜歡就說不喜歡，不願意就說不願意，做不到就說做不到，而不要光是唯唯諾諾、不清不楚地打迷糊仗，甚至賣弄小聰明，萬一西洋鏡被拆穿了，也就糗大了。

用幽默代替沉默的行事守則

所以，並不是我們受騙，而是我們欺騙自己。

——歌德

要識時務，也要扭轉情勢

局勢不利於己的時候，要懂得引導形勢，眼光要看得比別人遠，腦筋要動得比別人快，才能立於不敗之地。

即使是百戰皆捷的勇將，也不敢打包票自己下一場戰事一定成功。勝敗乃兵家常事，每一場戰役都可能會有不同的結局，贏了這一場，不一定贏得了下一場，同樣的，輸了這一場，不代表場場皆輸。

但是，真要說起來，我們還是可以算得出競爭的勝率，勝率大的表示成功的次數相對多，未來成功的機率也相對大。

勝率高的王者擁有的不只是良好的資質和運氣，更重要的是有識時務的本領和善於運籌帷幄的技巧。

美國獨立革命時代有一位重要將領名叫普特南，投入軍旅生涯相當久，立下不少戰功，早年更參加過法印戰爭。他在法印戰爭期間有一次與人發生齟齬，結果造成一名英國籍少將對他提出決鬥的要求。

普特南很清楚對方不論實力或是經驗都在自己之上，如果真要打起來，自己能夠獲勝的機會其實很小。

於是，他要求選擇決鬥的模式，而對方也答應了。

那名英國少將隨他一起來到帳篷裡，只見普特南推出了兩個小型炸藥桶，上頭都接了一根極長的引線。

普特南提出的決鬥的方式為兩人分別坐在炸藥桶上，點燃引線，誰先移動了身體就算輸。少將已經答應由普特南決定決鬥的方式，眾目睽睽之下，再怎麼不願意也已經無法反悔。

於是，導火引線被點燃了，只見英國少將臉上越顯不安，而普特南則悠然抽著煙斗，看起來氣定神閒。

隨著引線緩緩被燒熔，變得越來越短，許多旁觀者都忍不住往外逃，終於那名少將再也忍受不了，從桶上跳起來將引線踩熄，不得不承認自己輸了。

普特南笑著迎接勝利，輕輕踩熄即將燒到盡頭的引線，而後小聲地在少將耳邊說：「其實，桶子裡裝的是洋蔥，不是炸藥。」

相信大家一定能想像那名少將當時會是如何一副灰頭土臉的表情吧！

沒錯，他是被普特南惡整，吃了一頓悶虧，但是這樣的結果卻不能單怪普特南狡詐，而得怪他自己太過自恃。如果不是他自以爲在各方面都勝過普特南，絕對不會輸，又怎麼會將決鬥的形式交由普特南來決定呢？既然交出了決定權，就等於是把命運交到了對方手上。

反觀普特南，則非常識時務，懂得審時度勢，發現局勢不利於己的時候，能夠運用計謀將形勢導向對自己有利的環境。最後，他不只順利危機化解，還反過頭來贏得勝利。

這個故事不只提醒我們要謹慎小心，不要犯了驕傲的大忌，更告訴我們眼光要看得比別人遠，腦筋要動得比別人快，才能立於不敗之地。

用幽默代替沉默的行事守則

沒看清楚不要喝，沒讀明白不要簽字。

——西班牙諺語

用幽默替生活製造更多「笑」果

擁有幽默的思維，在待人處世上就不會一成不變，對於許多既定的成規也多半會帶有顛覆的眼光去看待，換個方式思考。

根據醫學研究顯示，笑聲可以治療精神緊繃的狀況，也可以減低憂鬱症的發生。能夠在生活裡多發出開懷爽朗的笑聲，舒緩彼此間的緊張氣氛，既是幫助自己，也是幫助他人。

越是懂得幽默的人，越能在生活中尋找樂趣，製造更多笑果。

美國發明家愛迪生在鄉間有一幢避暑的度假別墅，到了夏天，經常邀請許多人一同前往參觀。

度假別墅當然也很有愛迪生的風格，屋子裡到處都是各種發明和省力設備。

其中有個地方，在入口處設計了一個槓桿，想要通過的人必須將槓桿移開才能走過去，而且想要轉動那個槓桿，每次都得費上很大的力氣。

幾次之後，有人就忍不住問愛迪生那個設計到底有什麼用，為什麼屋子裡到處都是省力的新發明，就偏偏這個槓桿是又費力又笨重？

愛迪生聽了，若無其事地回答：「喔，是這樣的，每個把槓桿轉了過來的人，都能透過幫浦，幫我在屋頂上的水箱汲入八加侖的水。」

大家發現自己竟在不知不覺中成了愛迪生的「汲水工人」，都感到很訝異，又發現原來只要將槓桿轉動一

次就等於在屋頂提上八加侖的水，不禁對愛迪生的發明技巧感到嘆服不已。

從這個小故事，我們可以看出一個對發明著了迷的科學家如何將創造力應用到生活當中，而且樂此不疲。

前蘇聯著名詩人兼思想家普里什文曾經如此說道：「生活中沒有哲學還可以應付過去，要是沒有幽默，只有愚蠢的人才能生存下去。」

確實如此，幽默會讓人擁有更豐富的領悟力和創造力，要是不懂得幽默，那麼，我們就只能生活在僵化和沉悶的世界。

相同的，擁有幽默的思維，在待人處世上就不會一成不變，對於許多既定的成規也多半會帶有顛覆的眼光去看待，換個方式來思考，這不就是一種創造力的積極表現嗎？

創意，來自於對過往的創新。

不同以往的做法和不因襲傳統的想法，同樣一件事情就可能有新的發現與發明。想要成爲一個有創意、懂得創新的人，得先學會以幽默的思維來生活。試過幾

次之後，你便會發現，當你換了一副新的眼鏡，你所看到的世界將更為清晰，也更為透徹。

用幽默代替沉默的行事守則

人生是為了相信某種信念而存在，並不是為了爭吵或討論瑣事而活著的。

——卡萊爾

不要把自己膨脹得太誇張

一個人稍微有一點作為，就自我膨脹，膨脹到了太大、太重、太誇張的程度，別人哪來的肚量「看得起」他呢？

自嘲是每個人邁向幽默的第一步，也是最艱難的一步。懂得自嘲的人才能從容面對別人的惡意攻擊。

老李在餐廳裡頭坐了很久，看到別桌的客人一個個大快朵頤，吃得津津有味，只有自己獨自枯坐在那裡，沒有侍者前來招呼，便起身問餐廳經理：「不好意思，請問——我是不是坐到觀眾席了？」

一位作家剛發表一篇小說，獲得了很好的評價。

但或許是所謂的「文人相輕」，另外一位作家對此情形不以為然，還特地跑去糗他：「這本書寫得還不賴，但是……是誰替你寫的？」

只見被嘲諷的作家笑著回答道：「謝謝你的誇獎，不過，我想知道，是誰替你把它讀完了？」

一個人善於開自己的玩笑，讓旁人開懷大笑，大家會認爲「他犧牲自己來帶給別人歡樂」，這樣的人，又怎麼可能會交不到朋友呢？

從表面上看來，嘲笑自己似乎是一件委屈的事，但實際上，這份幽默感可以在你得意的時候輕鬆化解別人的嫉妒，也可以在自己失意的時候藉由它來漂亮退場。它是魅力的泉源，也是成功的基石。當一個人連自己都可以嘲笑了，還有什麼理由不能笑看天下呢？

現代人很容易得到「大頭症」，這種病雖然不足以致命，卻會讓身旁的人一個個巴不得你趕快死掉！

一名三流演員巡迴演出回來，向朋友炫燿說：「我這次的演出真是空前的成功啊！你知道嗎？我在露天廣場上演出的時候，觀眾的掌聲居然長達五分鐘都沒有停止呢！」

「那只不過是你運氣好，」他的朋友酸酸地說：「等到你下個星期再演出時，恐怕觀眾的反應就沒有那麼好了。」

「為什麼？」演員詫異地問。

朋友回答：「因為，天氣預報說，下個禮拜氣溫會下降，那麼一來，蚊子就會少很多了。」

當一個人把自己放在世界的中心，便再也看不到四周旋轉的宇宙。

常聽人計較說：「他瞧不起我！」事實上，好好的一個人爲什麼會無端被別人瞧不起呢？那是因爲他稍微有一點作爲，就自我膨脹，膨脹到了太大、太重、太誇張的程度，別人哪來的肚量「看得起」他呢？

所以，縮小自己，是人生在世最重要的修行之一。

一個人若是可以把自己縮到最小，自然越有機會鑽進別人的心裡，讓人打從心坎底加以欣賞。

用幽默代替沉默的行事守則

我認為，世界上還沒有任何一種東西，能像憤怒的情緒那樣，更能迅速地損耗一個人。

——尼采

PART 9.

用幽默的話語
表達自己的誠意

我們不需要強迫自己偽善，
但我們可以想辦法不做壞人，
在能力範圍內予人方便，幫人一把。

用幽默的話語表達自己的誠意

我們不需要強迫自己偽善，但我們可以想辦法不做壞人，在能力範圍內予人方便，幫人一把。

甜言蜜語，雖然頗爲空泛，可能也沒有什麼營養，但是，就像糖蜜一樣，大部分的人都喜歡，對每個人來說，也是不可或缺的事物。

說好話，可以幫助你融合人際關係之間的落差，可以幫助你連結人與人之間的距離；話說得好，有時候不只能幫助你登上青雲，甚至能獲利良多。

當然，得人好處之後，更不可忘記要誠懇地表達自己的謝意，吃人嘴軟，好話可千萬別忘了說，更要說得幽默，讓人聽了甜蜜、開心。

十八世紀一位頗為著名的英國詩人理查德．薩維奇，也是知名的諷刺作家，據說他有一度在倫敦過著窮困潦倒的生活，不只飢寒交迫，連飯都吃不飽，還生病了。病得重的時候，幾乎要蒙主寵召，幸而診治醫生高明的醫術才得以救回一命，漸漸康復。

病是治好了，可是錢就是付不出來，醫生幾次派人送來催討診費的帳單，薩維奇都一拖再拖，就是付不出錢來。

到後來，醫生實在急了，也顧不得禮貌，直接衝到他家裡來，大吼：「你要知道，你欠了我一條命，我希望你能有所報答！」

但是薩維奇身上根本一毛錢也沒有，怎麼付這筆費用呢？

於是，他對醫生說：「是的，我欠了你一條命，為了證明我對你的細心診治不是無所報答，我願將我的一生奉獻給你。」

後來，醫生離開薩維奇住處之時，手上多了兩卷書冊，書名為《理查德·薩維奇的一生》。

醫生本來就不是硬心腸之人，否則不會秉持著醫者的仁心仁術爲薩維奇醫治，肯定是在金錢上也同樣面臨了困境才會一再向薩維奇催討。

只是，到了最後，這位醫生縱使心中百般不情願，對於薩維奇誠意的致謝大概也只能苦笑著收下了。因爲，就算當場把薩維奇掐死，也拿不回半毛錢，倒不如做個順水人情，就當爲自己積福吧！

人，當然不能活在現實之外，沒有多少人能夠在自己快餓死的情況下把手裡的麵包放到別人嘴裡，但是，也沒有多少人會在別人飢寒交迫的時候，把對方身上的禦寒之物奪走。

我們不需要強迫自己僞善，但我們可以想辦法不做壞人，在能力範圍內予人方便，幫人一把。

今天我們付出，誰知道明天我們會不會得到回報，但是在當下，我們能夠體會到分享的快樂，不必面對剝奪的罪惡感與愧疚感，能夠如此也就足夠了；今天我們受惠，誰知道未來我們有沒有機會回報，但是在當下，我們誠心誠意的致謝，未來想盡辦法回饋，能夠如此也就足夠了。

你可以不用刻意當好人，但是沒有必要逼自己做壞人。

用幽默代替沉默的行事守則

你助人，然後人人助你，這是鄰里之間互愛的原則。

——尼采

請求，千萬不能強人所難

想要請求成功，首先得要投其所好加上態度誠懇，得到對方好感之後彼此的距離拉近了，也比較好說話。

我們每一個人都無法全知全能，總是會有力有未逮的時候，這種時候難免需要別人的幫忙。

開口求助並不是一件丟臉的事，自己不擅長處理的，若可以交由擅長的人來處理，豈不是兩全其美？

然而，開了口卻沒有辦法獲得協助，則是一件令人沮喪的事。想要不讓對方二話不說一口拒絕，或許你得重新檢視一下請求的做法與態度。

有些人對於拒絕不太拿手，很難說「不」，這種人你只要放軟身段、夠有耐心，通常就能夠獲得幫忙。有些人則相反，他們習慣拒絕、討厭麻煩，所以你勢必得多花點心思。

最重要的關鍵是，千萬不要讓對方感受到你是在「強人所難」，否則你大概會得到一百次拒絕。

海明威在美國居住的時候，剛好遇上州長選舉。有一名候選人聽聞海明威的聲望，想請海明威幫忙背書，利用他的名氣拉抬聲勢，於是立刻登門拜訪。

海明威聽了他的來由之後，答應第二天派人把助選的文章送去。

果然，第二天清早他就收到海明威送來的一封信，高興地拆開來一看，竟是海明威的妻子以前寫的情書。

他看了嚇一跳，還以為是海明威匆忙之中弄錯了，連忙派人將原件退回，並再寫了一張便條請海明威幫忙。

沒過多久，信差便帶著海明威的第二封信回來了。他趕緊拆開一看，這次竟然是一張遺囑。

這他可不懂了，外套一穿，決定親自跑一趟，找海明威問一問究竟。

海明威不置可否地聳聳肩說：「我家裡除了情書以外，就只剩下遺囑了。你叫我還能拿什麼東西給你呢？」

他聽了，知道海明威無意幫忙，只好摸摸鼻子走了。

從這個故事裡，人人都能明瞭海明威如何擅長拒絕了吧？他以欲拒還迎的態度讓人摸不著頭緒，繞來繞去到最後才明白自己是被耍了。

當然，這名候選人若不是過於遲鈍就是臉皮太厚，否則也不會在第一次收到海明威妻子情書時還不明瞭海明威的拒絕，最後灰頭土臉只能自認不夠聰明。

想要請求成功，首先得要投其所好加上態度誠懇，得到對方好感之後彼此的距離拉近了，也比較好說話。再來就是千萬不可以躁進，一旦對方感受到被施壓或強迫的感覺，就會產生反感，這一趟請求行動多半也是徒勞無功。

還有一個小技巧是從對方的需求下手，營造出一種利益交換的合作氛圍，也能夠放鬆對方的防備之心。

當然，如果你的請求成功了，最好懂得知恩圖報，否則就自絕未來之路了。

用幽默代替沉默的行事守則

很少有東西是不能通過勤奮和技藝獲得的。

——塞繆爾．約翰遜

主動爭取你要的幸福

> 能夠被愛是幸福的，能夠愛人也是幸福的，重要的是，能不能積極且主動的為自己營造幸福的環境。

每個人都渴望擁有幸福，每個人也都在追求幸福。到底幸福在哪裡？到底幸福是什麼模樣？到底怎麼樣我才能擁有幸福？

這看起來是一道很困難的題目，因爲每個人對幸福的感受都不相同，每一個人對幸福的渴望也不一樣，每個人對幸福的期許也不盡全然相似，那麼究竟怎麼樣才算是幸福呢？

答案其實很簡單，幸福的模樣就在你我的心裡，想要得到幸福，就要主動去爭取、去追求，當你在心裡感受到的是快樂、是美好，這個時候，幸福就已經住進了你的心底。

有一位名叫馬克・韋恩・克拉克的美國將軍曾經被人問到這樣一個問題。

「請問，在別人對你提出的忠告當中，你覺得哪一個是對你最有益的？」

克拉克想了想，回答說：「我所得到的忠告裡，最有益的一句是：和這位姑娘結婚吧！」

「喔？那是誰提出來的呢？」那人又問。

「正是那位姑娘自己。」克拉克面帶笑容地說。

好一個勇敢追求幸福的姑娘！喜歡一個人，能夠勇敢地說出來，是很值得鼓勵的行動，是很健康的，不必感到不好意思。一個人能夠知道自己是被人喜

愛的，也應該是一件值得高興的事，應該坦然接受。

像故事中克拉克和他的妻子能夠結為連理，便是一個快樂且幸福的結局。

當然，喜歡和愛是不同的，喜歡可以單方面的喜歡，但愛情卻要兩顆心的互許，才能相愛。萬一，我們喜歡的人不愛我們，該怎麼辦呢？

不怎麼辦，你還是可以繼續喜歡對方，祝福對方找尋到眞心所愛，當對方感受到喜悅與快樂的時候，你的心裡應該也是快樂的。

如果只因爲對方無法喜歡自己就將愛意轉爲恨意，甚至心生報復或強迫，那麼這種喜歡和愛未免過於淺薄。

威廉．邁克必斯．撒加利曾經說過：「愛人而得其人之愛，是最幸福的；愛人而不得其人之愛，是其次的幸福。」

能夠被愛是幸福的，能夠愛人也是幸福的，重要的是，能不能積極且主動的爲自己營造幸福的環境。

如果，這份愛意和喜歡永遠放在心底當成秘密能夠令你感到幸福，那麼你大可永遠不說；如果愛情的苦惱在你心裡來來回回，令你輾轉反側，那麼何不大膽說出來，是好是壞也有個結果。你可以決定自己的幸福，只要你先決定了自己的心意，決定了自己的做法。

用幽默代替沉默的行事守則

如果我們沒有創造幸福生活，我們就沒有任何權利享受幸福；這正和沒有創造財富無權享受財富一樣。

——蕭伯納

苦笑總比生氣好

沒有人永遠都能一帆風順，也沒有誰非得長久吃癟，現在或許烏雲罩頂，但只要忍個幾天，早晚都會雲淡風輕。

每天的生活裡，討厭的人事物很多，會讓你生氣的事情可能也不少，但是，你眞的想讓怒氣主宰你的生命嗎？

人哪有不生氣的，遇到令人憤恨難平的事，怎麼能不宣洩情緒呢？但是，排解情緒的方法有許多種，爲什麼一定要執著在生氣這個項目上？

眞的不顧一切地宣洩完了情緒就能解決問題嗎？是不是再氣也得從頭來把事情處理好呢？

如果是的話，那麼剛剛那場氣會不會白生了？萬一不小心波及旁人衍生事端，該找誰來賠呢？

自我解嘲是一種自我平復的手法，目的就是在於幫助自己逃離那些不滿的情緒；當然，更積極的做法就是想辦法重新出擊囉！

據說，十八世紀英國植物學家約翰．希爾，因為多次未能被批准加入英國皇家學會而耿耿於懷。

有一次，他特地從樸資茅斯寄了一封信到皇家學會，在信裡面提到一則神奇的病例，他說，有一名水手從桅杆上摔了下來，跌斷了一條腿，醫生接合後以繃帶紮牢，再冷浸焦油，想不到效果出奇地好，不到三天，那條腿就恢復如初了。

這則病例果然引起皇家學會成員的熱烈

討論，有人說焦油不能治療斷腿，有人卻說這說不定是新式療法，應該實驗觀察。一時間，學會裡議論不休，紛紛擾擾。

過了幾天，皇家學會又收到一封約翰．希爾的來信，大家立刻拆開來閱讀，讀完每個人都傻眼了，因為希爾在信上寫道：「很抱歉，上封信裡忘了說明一件重要事項，就是那條斷腿是木頭做的。」

不知道當時英國皇家學會的成員，有多少人能夠坦然接受約翰．希爾的玩笑。但是，這件事對約翰．希爾來說顯然是重要的，他可以由此證明自己並非不及這些學會成員，也多少可以排遣未能入會的遺憾和沮喪。

而英國皇家學會也更應該檢討一下入會規定是否有所缺失，才會讓有些有能力的人不得其門而入。

否則，現在光是一則胡亂編造的案例就被整得灰頭土臉，未來說不定還會有更加落人笑柄的難堪出現。

試著用幽默代替沉默，用微笑代替發飆！

沒有人永遠都能一帆風順，也沒有誰非得長久吃癟，現在或許烏雲罩頂，但只要忍個幾天，早晚都會雲淡風輕，生氣毫無幫助又勞心傷身，何苦來哉？

想快樂，就得快樂；想幸福，就能幸福；生氣只會把福氣吹散，憂愁只會讓愁雲不走；找件事來做，情緒自然會過去，就算是苦笑也比生氣來得好。

用幽默代替沉默的行事守則

人與人的友誼，把多數人的心靈結合在一起。由於這種可貴的聯繫，我們的生活才顯得溫柔甜蜜。

——奧古斯丁

簡化生活，把時間多留給自己

我們可以不用想那麼多，用一步可以到達的地方就不要繞上三圈才到，用一刻鐘可以完成的事就別拖上三小時。

生活裡總有許多不得不為的瑣事來瓜分我們每一天的時間，為了完成這些事情，我們不得不停下手邊的工作，花時間來進行，看著時間漸漸地流逝，我們越來越心焦、越來越心急，也越來越不耐煩。

那麼，為什麼不能排除這些瑣事呢？

也許，我們可以更有效率來完成，把事情的流程加以簡化，保留下更多的時間和空間給自己。

英國著名的生物學家法蘭西斯．克里克，自從他的研究受到重視之後，名聲也漸漸響亮。

聲名大噪的後果就是每天開始有大量的賓客來訪，還有回不完的信件。如果不接待訪客未免過於失禮，而面對層出不窮的來函請求，不回信件也會惹來麻煩，於是他苦思出一個方法。

他設計了一份「萬能回信」格式，請人為他大量印製。在信上，他寫道：「克里克博士對您的來函表示感謝，但是很遺憾的是他無法應您的盛情邀約而為您簽名、恭赴盛宴、發表演說、參加會議、贈送相片、充當證人、擔任主席、為您治病、幫您效勞、充當編輯、接受採訪、閱讀文稿、寫書、上廣播節目、簡報、接受

榮譽、參加電視節目……」

無論對方的來信提出什麼樣的要求，他就把應對的欄位圈畫起來寄出，以簡單的方式表示答覆。

很快地，他就把自己從疲於應付的困境中解放出來了。

同樣的事情，重複做上一千次、一萬次，叫人如何不心煩，所以克里克想出這等公文回覆式的信函，確實是一種省時省力的好設計。

當然，乍看之下這樣的回函似乎有失誠意，不夠禮數，但是對於一件本來就想拒絕的事情，省去客套似乎合情合理。更何況，克里克本來可能每天得花上好幾個小時來回覆信函，有了這項設計，立刻省了許多工夫，好讓他可以把多餘的時間拿來完成自己的研究，生活的感受當然有所不同。

其實，我們對生活有過多的擔憂，我們太擔心我們沒有事必躬親，事情就會無法順利進行；太擔心我們沒有時時緊盯，下一秒就會發生危機；太擔心沒有面面俱到，問題就會突然來到；往往我們的擔心只是過度的擔心，讓自己的日子變得緊

綳，生活變得焦慮。

真的，我們可以不用想那麼多，用一步可以到達的地方就不要繞上三圈才到，用一刻鐘可以完成的事就別拖上三小時，用金錢或其他事物可以替代的瑣碎工作，就別堅持要親自動手。

如此一來，你將不只發現自己的時間變多了，生活也變得輕鬆了。

「用幽默代替沉默的行事守則」

憂慮奪不去明日的憂愁，只磨蝕了今天的力量。

——克羅寧

囂張，是對自己的貧乏無知

對自己有自信是一件好事，明白自己的能力限制也是件好事，但對於自我過度膨脹或是畫地自限，顯然就對自己沒什麼好處了。

樹大容易招風，容易惹來嫉妒，也容易招來是非；如果這株大樹是一棵空心的樹，風一來，恐怕只是輕輕吹一下就倒了。

所以，想要成爲一株參天大樹，首先就得往下紮根，好好地站穩，好好地吸收養分，好好地奠定自己的根基，開枝散葉、林蔭蔽天的日子總會到來。

反過來，如果一味攀高卻沒有抓緊根下的土石，那麼，這棵樹無論如何是禁不起任何風雨的考驗的。

有一天，愛爾蘭劇作家蕭伯納受邀參加一個晚宴。在晚宴席間有一位青年不知是有心還是無意，就在這位大文豪面前滔滔不絕地吹噓自己的天才，好像天南海北樣樣通曉，大有不可一世的氣概。

起初，蕭伯納還保持禮貌緘口不言，洗耳恭聽。後來，愈聽愈覺得不是滋味，也愈來愈不耐煩。

最後，他終於忍不住了，便開口說道：「年輕的朋友，只要我們兩人聯合起來，相信世界上的事情就無一不曉了。」

那人聽了驚愕地說：「未必如此吧！」

蕭伯納回答道：「怎麼不是？聽聽你剛才的話，是這樣的精通世間萬物，只不過，你尚有一點欠缺，就是不知道誇誇其談反而會使豐盛的佳餚變得淡而無味，至於我則剛好明瞭這一點，你說，咱倆合起來，豈不是無一不曉了嗎？」

毫無疑問的，這名青年當場被蕭伯納修理得面上無光，覺得羞愧難當。

中國當代作家王蒙曾說：「幽默是一種酸、甜、苦、鹹、辣混合的味道。嚐起來似乎沒有痛苦和狂歡強烈，但應該比痛苦狂歡還耐嚼。」

越是幽默、不經意的評論，聽來越是辛辣。

對自己有自信是一件好事，明白自己的能力限制也是件好事，但是，對於自我過度膨脹或是畫地自限，顯然就對自己沒什麼好處了。

前者的氣焰過於囂張，不只得小心背後暗箭，更免不了被人夾槍帶棍地譏刺；至於後者，還沒開始努力就認定自己做不到，成功之路尚在遙遠之處。

像故事中的那名青年的遭遇，蕭伯納只是在口頭上教訓對方，已經算是客氣了，要是他繼續行徑囂張，還不知要為自己惹來什麼麻煩。

有人說，過分的志得意滿實際上是一種無知，這種「自我感覺良好」雖然能給

予人一種莫名的成就感，讓人得以逞得一時之快，但是實際上這樣的作爲不只自損聲名，更因爲眼界狹小而滿足於自己的平庸。

沒有自知之明的人，就像是蒙上眼睛看世界，既看不見前方的危險，也避不開腳下的危機。

用幽默代替沉默的行事守則

如果你是聰明，你會知道自己無知；如果你不認識自己，你便是愚昧。

——路德

追求理想是每個人的權利

每一個人都有做夢的權利，每一個人也都有追尋夢想的權利，在個人夢想的領域裡，他人絕沒有置喙的餘地。

英國作家哈代曾經寫道：「人生裡有價值的事情並不是人生的美麗，而是用幽默的心情去看透人生的酸苦。」

其實，幽默是一種酸甜苦辣的混合味道，它的味道似乎沒有痛苦和狂歡的強烈，但卻比痛苦和狂歡還耐咀嚼。

因此，我們必須時時刻刻提醒自己，不管身處什麼環境，不管面對什麼惡言惡語，都要用歡樂和幽默的心情去面對世界，唯有如此，我們才不會迷失方向，人生才會顯出真正的意義。

愛因斯坦曾說：「有不少人，他們不追求物質的東西，他們追求理想和真理，得到了內心的自由和安寧。」

言下之意就是再多的物質享受，也比不上心靈的滿足。一個堅持追求理想的人，不會被現實的困頓所干擾，不會被沿途的流言所中傷，永遠踩著沉穩執著的腳步，直到登上頂峰。

十九世紀德國物理學家基爾霍夫曾經舉辦過一場講座，對在場的聽眾說明他的發現：從太陽光譜上所看到的黑線，證明太陽上面有金質的存在。

「太陽上有金子」這個發現當然引起許多人的興趣，但是其中有一位前來聽講的銀行家卻忍不住譏笑基爾霍夫說：「太陽上有金子是不錯，但是如果不能拿到手，這樣的金子又有什麼用處！」

基爾霍夫當場隱忍不發，只是感謝對方指教。

後來，基爾霍夫因為這項光譜的分析而獲得了金質獎章，他便找個了機會將獎章展示給那位銀行家看，並且說：「你瞧，我終於還是從太陽上得到金子了。」

在我們往目標前行的道路上，我們不知道會遇上什麼樣的困難，不知道會遇見什麼樣的人，不知道會得到什麼樣的評論。

只是，對方的忠告，我們傾聽而後放在心底；對方的譏笑，我們依舊傾聽，然後拋諸腦後。最重要的是腳下的步伐別鬆懈，維持自己的步調，朝著目標不斷接近，不管多遠，總會有到達的時候。

故事中，銀行家的短視近利，使他縱使在物質生活上可能好過基爾霍夫，心靈層次卻遠遠不及。

我們不能評論別人的夢想，因爲我們永遠不會了解那份夢想對對方的意義爲何；就像我們可能也說不出自己執著的夢想對世界有什麼用處，但是達到那份理想

對自己來說卻是一種完成，是我們對自己的負責，一種自出生以來至爲重要的使命，唯有努力執行才能令心靈感到滿足。

每一個人都有做夢的權利，每一個人也都有追尋夢想的權利，在個人夢想的領域裡，他人絕沒有置喙的餘地。

用幽默代替沉默的行事守則

只要堅定不移地向著目標前進，就一定會達到目的。

——列夫·托爾斯泰

想解決問題，先搞清楚問題在哪裡

很多看似複雜困難的問題，其實都隱藏著一個簡單的答案。只要先搞清楚問題的本質，答案就會昭然若揭。

管理大師彼得．杜拉克曾經說：「做對事情往往比把事情做好更重要。」

的確，只知道盡全力把事情做好，並不一定會成功，因爲，你必須在盡全力把事情做好之前，先知道自己的問題到底出在哪裡。

這就像如果你想讓「猴子」變美麗，千萬別努力地去幫「猴子」割雙眼皮，「猴子」是否能變美麗，問題並不在「割雙眼皮」這件事情上面。

想解決問題，就要先搞清楚問題的關鍵點在哪裡。

從前，有個生物學家非常博學多聞。

不管人們向他提出多麼艱澀的問題，他都一定回答得出來。

一天，有個小孩問他說：「學者爺爺，有一種動物非常特別，您肯定不知道牠的名字！」

「這怎麼可能？天底下哪有我不認得的動物呢？」學者自信滿滿地說：「你快說，那個動物是什麼樣的？」

小孩回答：「那傢伙有三個腦袋，六隻手，十六隻腳，五條尾巴，三十六隻眼睛，外加一個碗口般大的肚臍。長著翅膀，卻不會飛，走起路來快得像一陣風似的，你說，牠到底叫什麼名字？」

學者左思右想，花了好多時間去查閱書籍、上網搜尋資料，忙了一整個月，卻什麼也想不出來。

最後，學者決定拉下臉來，紆尊降貴地去問小孩。

小孩莞爾一笑說：「你連這個也不知道，還敢說認識所有的生物！書上不是寫著嗎？它是個妖怪嘛。」

很多看似複雜困難的問題，其實都隱藏著一個簡單的答案。只要你願意承認自己的不足、放下自我，先搞清楚問題的本質，答案就會昭然若揭。

麥當勞創辦人雷．克羅克曾經這麼說過：「成功有兩個重要條件，第一是在對的時間，待在對的地方，第二是在某個時間點，找出問題的關鍵，做出正確的決定。」

其實，一個成功的人，通常不在於他比別人努力，而是他知道問題出在哪裡，在重要的關鍵時刻，用對方法，做對決定。同樣的，一個人之所以無法成功，並不在於他的努力不夠，而是他往往用盡所有的力量去做根本不該做的事，卻還渾然不知自己正在鑽牛角尖。

那名生物學家正是陷入這樣的盲點，只知道埋頭苦幹，卻不知道讓腦袋轉個彎。只要他能找出關鍵點，就會發現，孩子的問題根本不會是問題，面對種種不合常理的挑戰，處理起來也將更加輕鬆寫意。

用幽默代替沉默的行事守則

傾聽每一個人的意見，可是只對極少數人發表你的意見；接受每個人的批評，可是保留你自己的判斷。

——莎士比亞

PART 10.

以迂迴方式來迷惑對方

言語交鋒，
以看似軟化的態度與迂迴引導的方式，
讓對方失去防心，再乘勝追擊，
更能收得超乎想像的效益。

以迂迴方式來迷惑對方

言語交鋒，以看似軟化的態度與迂迴引導的方式，讓對方失去防心，再乘勝追擊，更能收得超乎想像的效益。

我們往往不知道攻擊從何而來，也不清楚下一次遭受到的攻擊會是什麼樣的形式，唯一的因應之道就是時時保持警覺，以不變應萬變。

以言語進行的攻擊最容易傷人於無形，看似不著邊際的說法，有時候就是會讓聽者臉上無光，心有疙瘩。

你最好隨時帶著幽默防身，以言語回敬對方，以迂迴來迷惑對方，一方面避開對方的攻擊，一方面反將對方一軍。

十八世紀英國政治家約翰．威爾克斯以詭辯出名，有一次他又和一位天主教徒為了宗教信仰爭論了起來。

那位天主教徒明知故問地挑釁說：「在馬丁路德進行宗教改革以前，你的信仰是什麼？」

這樣的問話，擺明了就是要威爾克斯回答出「天主教」這個答案。

但是，威爾克斯可不迷糊，沒那麼簡單上當，反倒不著邊際地問了一句：「你今天早上洗過臉了嗎？」

那名天主教徒被威爾克斯突如其來地問了這麼一個問題，楞了一下，不明就裡地回答洗過了。

威爾克斯似笑非笑地繼續問：「那麼，能不能請你告訴我，洗臉之前，你的臉在哪裡？」

人的虛榮心理通常都與愚蠢程度成正比。

在現實生活中，我們不是經常見到，許多人一有小小的成就，就會迫不及待地讚美自己，見到別人立下傲人的功績，卻忙著四處詆毀？

面對這樣見不得別人好的人，就必須適度發揮幽默的智慧。

英國作家王爾德曾說：「知道如何善用我們的聰明，那就是大智慧。」

威爾克斯以一個看似不相關的問題，成功地反將對方一軍，雖然洗臉之前與之後臉依舊是臉，但是洗過臉後，臉上的髒污得以被除去，正如同天主教在馬丁路德宗教改革之後革除了許多陋習一般。

言語交鋒，雖然並不是非得要爭出個誰勝誰負，但是懂得以迂迴的方式輕鬆避開敵人的埋伏，並且讓對方在覺察不出的狀況之下掉入自己的陷阱，可以說是需要高度的智慧和幽默。

態度強硬、語帶脅迫，或許能夠稍微打壓對方的氣焰，但並不一定能夠使對方

心服口服；反倒是以看似軟化的態度與迂迴引導的方式，讓對方失去防心，再乘勝追擊，更能收得超乎想像的效益。

用幽默代替沉默的行事守則

爭論的時候，話要軟，心要硬。不要想去挖苦對手，要試圖說服他。

——威京斯

不用大腦，當然苦惱

倘若你認為一件事不可能做得到，那麼這件事成功的機率必然很小；如果連試都不敢試，那麼成功的機率絕對等於零。

一個善於思考的人，在多方面的表現都能夠展現出充沛的活力和堅韌的意志，同時也特別具有創造力，反應敏捷，懂得用微笑代替發飆。

創造力不只是乍現的靈光，更使是一種開創性的思維，在問題尚且隱晦不明的時候就能掌握事情的本質，找出正確的的應對方式。

懂得發揮創造力進行思考的人，在處理問題上往往有與眾不同的表現，也能夠輕鬆面對各種生活上的難題和挑戰。

哥倫布發現新大陸之後，回到了西班牙，受到各種獎賞與讚譽，當然也惹來了不少嫉妒的目光。

有一次，他受邀參加一個晚宴，宴會上有不少對他的成功眼紅的賓客，私底下對他頗有微詞，認為他不過是運氣好而已，再說發現美洲也不是什麼困難的事，他們只要動動腦筋也同樣能夠做到。

面對這樣的惡意批評，哥倫布並不辯駁，也沒動怒，只是請僕人送來一個雞蛋，隨即請問在場的賓客誰能使雞蛋直立起來，並且表示誰要做得到，便將獎賞奉送給他。

有些人試了，有些人始終保持觀望，就是沒有人成功將蛋直立起來。

有人開始叫囂哥倫布耍人，並且大吼根本就不可能將蛋直立起來。

但是，哥倫布將蛋拿了過來，把其中一端在桌上輕輕地敲了一下，撞裂的蛋殼硬是直挺挺地立在桌上。

這時，大家又叫：「要是早知道能這樣就太容易了！」

哥倫布帶著笑意對眾人說：「完全正確，只要動動腦筋就可以辦到。」

倘若你認爲一件事不可能做得到，那麼這件事成功的機率必然很小；如果連試都不敢試，那麼成功的機率絕對等於零。

哥倫布耍人了嗎？

沒有人規定不能怎麼做，也沒有人限制一定要怎麼做，是我們爲自己設了界限，是我們自己選擇了固定的答案。

看起來很困難的事，做起來可能並沒有想像中困難；看起來很複雜的題目，答案可能很簡單。

如果我們在自己的腦子裡搭了一座牢固的框架，我們當然會主動拒絕其他的可能性，古人說難如登天，但是飛機發明了，人類也登上了月球，許多曾經不可能的

事，都在科技的發展下變成可能。

不用大腦，當然覺得事事苦惱。

改善人際關係和應變能力也是如此，從現在開始，如果你試著動動腦筋，積極踏出第一步，應變方式當然也會開始改變自然，能減少許多啞巴虧的懊惱！

用幽默代替沉默的行事守則

我們可能永遠都做不對，但是不做就永遠沒有機會。

——張勁燕

遠離阿諛諂媚，人生才有更多機會

遠大的目標是激勵我們不斷前進的恆久動力，保持冷靜的心境才能遠離阿諛諂媚，為自己的人生創造更多機會。

每個人都應該知道自己很難十全十美，不論多麼優秀，總是會有缺點存在。當我們清楚自己的弱點在哪裡，我們就可以督促自己去改進，然而，很多時候，我們是看不見自己的缺點的。

萬一身旁都是一些逢迎拍馬的傢伙，很容易讓我們自我膨脹到無以復加的地步，最後，我們說不定會反被自己的缺點給吞噬而不自知。

面對阿諛，我們要懂得冷靜；面對諂媚，我們要能學會不自滿，因為唯有鍥而不捨地前進，才能得到眞正的進步，才不會讓缺陷與弱點絆住我們的腳步。

在位二十二年的東德政治領袖瓦爾特·烏布利希曾經對下屬說：「一個空前太平盛世已經出現在地平線上了。」

言談之中，不難聽出他對當時的東德國勢的想法。

他的下屬聽了連忙附和：「太好了！」跟著又忍不住猶疑地問：「可是，空前的太平盛世真的已經出現在地平線上了嗎？」

烏布利希回答：「毫無疑問！你知道字典裡是怎麼解釋『地平線』這個名詞？地平線是一條想像中的線，一走近它，它就退遠。」

當我們為自己的理想設定一個目標時，我們的努力就有了方向，我們就明白該往哪個方向前

進。眼前的景象，就如同烏布利希對屬下所言，一個空前的太平盛世已經出現在地平線上了。

然而，只有方向和目標是不夠的，我們必須大步向前邁進，如此一來，再遠大的夢想，也能在一次又一次的努力之下，一點一點地逼進目標。

崇高的理想和遠大的抱負在人生當中扮演著強大推動力量，使我們的人格提昇，促使我們奮發前進。

如果同時兼具幽默感，那麼理想和抱負更能擴展我們的視野，開發我們的能力，並喚醒了我們的潛能。

我們會感到有一種全新的力量在血液裡迴旋激盪，有一種蓬勃的熱情在全身上下身洶湧澎湃。

人生是不斷奮戰的過程，那條地平線就在眼前，即便一走近它就退遠，然而只要時時自我鞭策，我們這一路花費的心血絕對不會白費。

當我們耽於現狀，就會失去動力、停下腳步，當我們陶醉於掌聲，成就也就停

留在現狀，甚至可能在不察的時候悄悄退步。

遠大的目標是激勵我們不斷前進的恆久動力，保持冷靜的心境才能遠離阿諛諂媚，爲自己的人生創造更多機會。

用幽默代替沉默的行事守則

以前的社會，保持現狀就是落伍；現在的世界，進步比別人慢就是落伍，光跟自己比是不夠的，還要跟別人比。

——王坤復

得意時謙卑，失意時從容

成功者不一定要惡聲惡氣、態度惡劣，反而該釋出善意，讓對方感受到平等尊重。

在爾虞我詐的政治舞台上，沒有永遠的敵人，更沒有永遠的朋友，因此，政治人物特別需要幽默的談吐及機巧的反應，才能在詭譎多變的政治局勢裡應付自如，進而佔有舉足輕重的地位。

十年河西、十年河東，勝負沒有常理，時勢也沒有定律，每個人都可能成為贏家，也可能會面臨失敗；有沒有政治家的風度與氣度，攸關一個政治人物在歷史上所能得到的評價。

一次大戰結束，法國外交部長白里安致力於維護世界和平，四方奔走。

他與美國國務卿凱格簽定了凱格—白里安公約，彼此約定保證兩國除了自衛之外，絕不以戰爭解決國際紛爭，此項協議在一九二八年共有六十五個國家聯合簽訂附議。

白里安更於一九二六年九月與戰敗國德國代表斯特萊思曼共同商討賠款事宜，由於談判過程順利，兩人共同獲得該年的諾貝爾和平獎。

會談過程中，兩人為了避開外界無謂的干擾，以便更妥善地處理戰後賠款相關事宜，特地選擇在法國一個鄉下農

莊飯店進行會晤。

有一天午餐時刻，兩人一同愉快用餐之後，彼此竟為了由誰付帳一事爭執起來。兩人互不相讓，都客氣地想請對方吃飯，爭相結帳。後來，白里安笑著站了起來說：「咱們別爭了，就由我來付飯錢，你來賠款吧！」

誰說成功者就一定能予取予求？誰說失敗者就一定要捨棄自尊？把心放寬，把眼光放遠，我們就會在得意時懂得謙卑，而在失意時表現從容。

白里安和斯特萊思曼雖分別代表戰勝國與戰敗國，卻沒有成王敗寇、針鋒相對的決裂態度，而是坦然面對問題，解決紛爭。

德國戰敗是事實，各國要求賠款負責也是事實，白里安身負談判重責大任，卻不意味他一定要惡聲惡氣、態度惡劣。

他以幽默的態度，讓斯特萊思曼感受到平等談判的尊重，這樣的做法無疑是令整個談判過程順利的主要推手。

至於戰敗國代表斯特萊思曼則從容地把持住國家的尊嚴，沒有求饒，沒有降格以求，而是以談笑風生的態度，爲國家爭取最好的條件。

兩個人都是一流的政治家，他們所看到的不只是問題的本身，更深入觸及問題背後可能引發的影響，因此能以最平和的方式來解決問題。

如此的好風度，正是他們深得後人推崇與景仰的主因。

用幽默代替沉默的行事守則

要這樣生活，使你的朋友不致成為仇人，卻使你的仇人成為朋友。

——畢達哥拉斯

生活放輕鬆，輕鬆過生活

適時地開個無傷大雅的玩笑，不只讓場面輕鬆活絡了起來，也省去不少衝突和尷尬。

一句話就可以製造出生活中的種種驚奇與欣喜，這就是幽默的力量。

現代人的生活多半過於緊張，偶爾開個無傷大雅的玩笑，說句逗人開心的俏皮話，不只可以調劑過於緊繃的生活壓力，也可以增進人與人之間的情誼，拉近人與人之間的距離。

生活也可以過得很輕鬆，只要你眞正懂得生活。

十九世紀末法國第三共和的總理亞蒙·法利埃有一天來到雕塑大師羅丹的工作

室參觀。

他一進門就看到滿屋子的半成品，有的塑像只有頭部，有的只有一隻手或一隻腳，或是只有身體軀幹部位，各式各樣未完成的作品就這麼零亂地散落在整個工作室裡，幾乎連站的地方都沒有。

法利埃看了，忍不住打趣地說：「天啊，這些人走路實在太不小心了！」

羅丹是一個對於自己的工作十分專注的人，一旦投入工作之中，就不太在乎外界發生了什麼事，整理工作室等等瑣事當然就是枝微末節、不足一顧的小事了。法利埃卻懂得利用輕鬆的生活態度來延續工作的熱情，圓融人際間的關係，說明他是一個充滿幽默感的政治人物。

他在羅丹工作的時間來打擾，羅丹肯定不會給他什麼好臉色，但是他適時地利用現場開了個

無傷大雅的玩笑，在彼此會心一笑的同時，不只讓場面輕鬆活絡了起來，也省去不少衝突和尷尬。

幽默的語言，往往可以達到意想不到的效果，而且從生活中隨處取材，玩笑就可以開得有趣又引人注意，大家在會心一笑的時候，不但氣氛變得融洽，還可以讓幽默的力量相乘，激出更燦爛的火光。

嚴肅地看待工作，輕鬆地面對生活，比例拿捏得好，日子就少了許多煩惱。從今天起，讓生活鬆一下吧！

用幽默代替沉默的行事守則

我們的頭腦需要放鬆，如果我們不在工作中揉進點兒樂趣，大腦就會垮掉。

——莫里哀

用幽默來軟化對方的情緒

幽默只要運用得當，常常就像個保護傘，讓我們在不著痕跡地，輕鬆化解怒火與怨氣。

關於用幽默代替沈默的應對智慧，藝術家博列夫曾經說過一句話：「幽默是善意、溫和的嘲笑，然又並非毫不帶刺。」

這句話清楚地說明了幽默的本質。

幽默，本身就帶有一點點嘲弄，一點點諷刺，一點點顛覆和一點點反抗，然而卻不致於無禮，也不致於過度傷人。

能夠巧妙地運用幽默，往往像是在袖底藏了一件秘密武器，可以伺機行動，無論何時何地都不怕落人下風。

古希臘寓言作家伊索是一個言語機智、腦袋聰明的人，雖然身為奴隸，社會地位不高，但是他的聰敏和智慧，卻令許多地位高於他的人望塵莫及。

有一天，迎面來了一名衣著華麗的路人，在他面前停下來向他問路。

路人的態度頗為輕佻，斜睨著眼，問伊索說：「喂！我問你！我到城裡去要走多久？」

伊索回答：「你走啊。」

那個人見伊索的回答沒頭沒腦，心裡有點不高興，不過為了問路，只好耐著性子說：「我是得走，我也會走，不過可以請你告訴我，走到城裡到底需要多少時間嗎？」

想不到，伊索還是回答說：「你走啊，快走啊！」

路人聽了非常生氣，認為伊索實在太可惡了，便氣憤地轉身走開。

他剛走沒多久，就聽見伊索的聲音從背後傳來：「兩個小時……」

那人聽見了，便停下腳步，接著又走回伊索身邊，納悶地問：「為什麼你剛才不肯回答我？」

伊索不慌不忙地回答：「剛才我還不知道你走路的速度是快還是慢，又怎麼知道你需要花多久的時間才能走到城裡？」

仔細想想，伊索所說的一點也沒錯。初看這個故事時，心想這位路人的態度過於高張，活該被伊索惡整，伊索無端被無理對待，出手防衛似乎也是理所當然，但是衝動行事恐怕會讓地位低下的伊索吃上悶虧。

想不到，伊索的表現卻讓人抓不出一點破綻，即使他眞的有心惡整那名路人，那人也拿他沒有辦法，只能認虧被消遣。

幽默的語氣加上無可辯駁的事實，不只讓伊索好好地出了一口悶氣，又免於紛爭衝突的產生，確實是一項效果驚人的言語利器。幽默只要運用得當，既可以保護自己，又能夠不傷他人。

回想我們曾經說過的話，也許會發現，自己在用語和語氣上，有許多可以檢討的空間。命令式的語氣和口吻，聽起來總是特別刺耳，所謂說者無意、聽者有心，有時候多點留心，就可以減少對方不快的情緒，少了衝突的媒介，衝突也就得以預防與化解。

幽默，常常就像個保護傘，讓我們在不著痕跡地，輕鬆化解怒火與怨氣。

用幽默代替沉默的行事守則

愉快的人格，是成功的靈魂。

——馬西斯

以問題來回敬問題

以幽默的話語來抵擋來路不明的敵意，見招拆招，既顯現了卓越超群的智慧，又展示了臨危不亂的氣度。

這個世界上什麼樣的人都有，偏偏你就是遇上了一個找你麻煩的人，他們的問題總是讓你感到很頭痛，他們的議論總是讓你覺得心煩氣亂。

如果他們的身分地位和你無干，你還能夠眼不見爲淨、耳不聽爲清；若是他們正好是你的衣食父母時，你的答案可就得多想想再說出口了。

美國科學家富蘭克林，也是避雷針的發明者，有一次他舉辦了一場說明會，邀請與會貴賓一起參觀他的新發明。

看完了，許多人嘖嘖稱奇，當然也有人有看沒有懂，就有一位闊太太大嗓門地問：「可是，這個東西到底有什麼用呢？」

富蘭克林聽到了，只好堆著笑臉回答說：「夫人啊，您說剛剛生出來的嬰兒又有什麼用呢？」

話一說完，現場一陣哄堂大笑，那位夫人聽了，連忙搖著扇，跟著乾笑了幾聲，沒再多問了。

我們知道，遇到不明瞭的問題懂得適時發問，是一件美德，但是未經思考、不看場合的胡亂發問，徒然表現出一個人的無知與無禮。

故事中那位夫人的提問，求知的意味遠遠不及於挑釁，目的顯然在讓富蘭克林臉上無光，而非求學好問。

見過大風大浪的富蘭克林當然也不是省油的燈，縱使心裡百般不悅，臉上依舊保持得體的表情，以問題來回敬問題，讓那位夫人知難而退，既表現了風度，又達到了目的。

明槍易躲，暗箭難防，何不以幽默的話語來抵擋來路不明的敵意？以招制招，見招拆招，既顯現了卓越超群的智慧，又展示了臨危不亂的氣度，唯有如此氣魄，才能在人際互動之時立於不敗之地。

用幽默代替沉默的行事守則

人的天性既非全黑，也不是全白，而是兩種顏色的奇妙混合。

——普列姆昌德

幽默的言語能化解尷尬危機

生活不見得能夠事事皆順心，但是能夠以輕鬆和歡樂的態度來面對，日子就能過得快樂一點了。

人際關係把握得好的人，做起事來往往能夠左右逢源、無後顧之憂，更可收得更大的效益，由此可見人際關係對於一個人的成功有多大的影響力了。

幽默正是人際交往最好的催化劑，將交際時的氣氛炒熱，善用幽默，便能在輕鬆、活潑的氛圍中，使得彼此放鬆防備，也更容易交心。

第二次世界大戰爆發之後，荷蘭戰爭失利，國土遭德軍侵占，總理德克·基爾不得不成立流亡政府，向英美等友邦求援。

基爾總理的英文不太靈光，加上流亡在外的慘痛經驗尚未平復，第一次會晤英國首相邱吉爾時，不曉得是否精神不濟還是太過緊張，只見他伸出手向邱吉爾示好，沒想到，一開口就是一句：「再見。」

在場的人幾乎傻眼，還好邱吉爾夠冷靜，不慌不忙地回答：「基爾先生，你知道嗎？我真希望所有的政治會議都能這樣簡短扼要。」

當我們懂得把幽默轉化成力量，讓原本圍繞在我們四周的緊張、焦慮與困擾，一點一點地瓦解，不只能讓自己更充分地運用局勢，也在爲人解圍的行動中獲得更多的支持。

邱吉爾便是這樣一位能將幽默運用到極致的政治家，他一次又一次運用幽默和機智處理危機之時，也爲他的政治生涯注入生機和活力。

笑，不只代表愉悅、代表認同，也代表服氣。歷史上不乏例證顯示，善於運用幽默智慧的政治家特別能取得事業上的成功，能夠引出別人的笑，就能夠利用笑聲爲自己營造一道道登上青天的階梯。

生活不見得能夠事事皆順心，但是能夠以輕鬆和歡樂的態度來面對，日子就能過得開心一點，快樂一點了。

用幽默代替沉默的行事守則

大凡失足犯錯，都是因為錯誤的推理和過度自私造成的。

——巴爾札克

PART 11.

用機智化解羞辱

面對羞辱，

有幽默感的人懂得「用幽默代替沉默」，

會不疾不徐回敬對方，

沒有幽默感的人，

恐怕就得陷在難堪的窘境之中，

不知如何是好了。

愛做春夢，小心被嘲弄

想譏諷對方，最有效的方法是先說些場面話，表示贊同對方的想法，然後再冷不防來記回馬槍。

自己看自己，總是只看見優點，還有許多看不見的盲點被遺漏，旁邊的人看你，卻會清晰很多。

人，要了解自己，但也要相信，總有人會比你自己更加了解你。不要老是做春秋大夢，否則只會惹來別人的嘲弄。

某甲看著國家地理雜誌，看見了一段有關非洲土著的專題報導，越看越投入，越看越著迷，像發現新大陸似的。

不久，某甲興奮地抬起頭來對老婆說：「妳知道嗎？這本雜誌介紹非洲的一個部落，在那裡，男人和女人上過床以後，女人竟然要付給男人十塊錢耶！真是不可思議的事情！如果有機會的話，我一定要到那裡去體驗一下這種收錢的滋味。」

「那我也要一起去！」老婆的話是請求，也是命令。

某甲想到老婆大人如影隨形的畫面，不禁低頭沮喪地說：「如果帶妳去的話，那我還有什麼樂子？」

「你放心，我跟著你去，不會干涉你找樂子的……」老婆深明大義，立刻微笑地補充道：「我只不過是想要看看，你每個月只賺二十塊錢，到底要怎麼過活！」

想譏諷對方，最有效的方法是先說些場面話，表示贊同對方的想法，然後再像這則笑話中的老婆，冷不防來記回馬槍。

不知道是不是因爲人貴爲萬物之靈的關係，我們總在不知不覺中就很容易把自己放大，覺得自己超越別人，以爲自己無所不能。正因爲如此，人想的總是比做的還要多。

當然，我們得把自己放大，才能眞的變大，因爲你必須看得起自己，別人才會看得起你。

有自信、有夢想，人生才有希望。但是，做夢之餘，也請衡量自己的實力，別忘了夢想和現實之間的距離。

用幽默代替沉默的行事守則

注意別人的缺點，那你就會處處碰到敵人，把自己陷入孤立無援的灰暗之中去。

——羅蘭

用機智化解羞辱

面對羞辱，有幽默感的人懂得「用幽默代替沉默」，會不疾不徐回敬對方，沒有幽默感的人，恐怕就得陷在難堪的窘境之中，不知如何是好了。

服務業是最多年輕人嚮往的行業，但想從事服務業，除了爲人服務的熱忱之外，任勞任怨的精神也非常重要。

無論客人提出多麼無理的要求，服務人員永遠只能用微笑表達自己的立場。即使是用熱臉去貼人家的冷屁股，服務人員也只能把眼淚往肚子裡吞。

專業、耐性、反應敏捷是每個服務人員必備的條件，下面這個故事，足以作爲你最好的範例。

一家航空公司因為班機延誤，導致櫃檯大排長龍。有個橫眉豎眼的男人擠到隊伍的最前面，要求櫃檯小姐優先幫他處理。

小姐禮貌地說：「抱歉，先生。請您排隊好嗎？」

男人毫不客氣地回答：「排什麼隊？妳知道我是誰嗎？」

櫃檯小姐反應迅速，馬上打開擴音機，從容地廣播說：「這裡是××航空公司，有位先生不知道自己是誰，哪位旅客可以辨認他的身分，請到第七號櫃檯。」

在場排隊的人聽了，都不約而同地笑了起來。男人覺得臉上無光，很生氣地說：「Fuck you！」

櫃檯小姐受到辱罵，依舊不改常態，慢條斯理地說：「就算您很想，那也要請您排隊才行啊！」

面對羞辱，有幽默感的人懂得「用幽默代替沉默」，會不疾不徐回敬對方，沒有幽默感的人，恐怕就得陷在難堪的窘境之中，不知如何是好了。

服務人員不是沒有自尊，而是他們更加以客爲尊。不管遇到什麼樣的客人，他

們總有辦法應付。

服務人員不是不需要人尊重，而是他們懂得先對別人表現出尊重。相逢自是有緣，先低頭的未必吃虧。

服務業也許處於社會的底層，但是服務業的精神卻比什麼都還要崇高。在酒酣飯飽、購物享樂的同時，請體恤服務人員的辛勞吧！

用幽默代替沉默的行事守則

如果睡不著就起來做點事，不要躺在那裡憂慮不已。傷人身心的是憂慮，不是失眠。

——戴爾・卡內基

悲劇造成時，要懂得運用剩餘價值

當悲劇注定要造成時，你只能仔細思量，試著用幽默的心情面對，將它的剩餘價值發揮到極限。

美國著名的短篇小說作家歐文·斯通，在《總統之戀》裡曾經這麼寫道：「人生的命運是多麼難以捉摸啊！它可以在短短的時辰內被摧毀，也可以在短短的時辰內獲得解救。」

是的，曲折多變的命運本來就很難捉摸，經常不照我們的心願發展，在人生道路上我們唯一可以主宰的就只有自己。

如果事情不能改變，那麼我們就要改變自己看事情的角度，如此一來，或許還可以從中找出一些價值。

一名年輕人去應徵機場塔台的工作，通過各項關卡之後，終於來到最後也最難的一關——口試。

考場上，考官嚴肅地問：「有一架飛機正準備要降落，而你從望遠鏡裡發現它的起落架沒有放，這時你會怎麼辦？」

考生回答：「我會以最快的速度用無線電來警告機長。」

「如果他沒有回答呢？」考官繼續追問。

「那……我會立刻使用信號燈，發送『危險，不得降落』的訊號。」

「可是，如果他仍然沒有反應，還是繼續下降，這時候你會怎麼辦？」

考生回答：「我會立刻打電話給我女朋友。」

「你女朋友？她能做什麼？」考官詫異地問。

考生回答：「她不能做什麼，但是她從來沒有看過摔飛機。」

當你用盡辦法，卻不能阻止悲劇發生，除了善用剩餘價值又能如何？

英國名作家珍．奧斯汀在《愛瑪》一書裡曾經無奈地寫道：「機會和命運總是良莠不齊，教人難以捉摸。」

當悲劇注定要造成時，你只能仔細思量，試著用幽默的心情面對，將它的剩餘價值發揮到極限。

考試考砸了，想一想，這樣至少讓你認識了失敗的滋味。

無緣無故挨老闆一頓臭罵，想一想，你可以從中學到何謂成功的領導人。

失戀了，想一想，逝者已矣，來者可追，失去的未必是最好。

悲劇的發生固然可惜，但若我們縱容悲劇白白發生，而不能從既定的事實當中學到教訓，那才是真的令人惋惜。

用幽默代替沉默的行事守則

我們總是愛那些讚揚我們的人，而不愛為我們讚揚的人。——蕭伯納

太刻薄只會帶來負面的後果

尖酸刻薄只會引來他人反感，不給台階也只會逼人狗急跳牆，若是你期望得到別人的尊重，就要先懂得尊重他人。

世事都是相對的，一個人可以驕傲，可以苛刻，先決條件是，他也必須忍受這個世界對他的冷漠與刻薄。

面對不如己意的事情，最好保持平靜，和顏悅色說出自己的要求，千萬不要尖酸刻薄地指責別人，否則只會帶來更多負面的後果。

一名有潔癖的男子光顧一家餐廳吃飯。

過了一會兒，他看見侍者端著他點的菜走了過來，沿路竟然把自己的姆指插在菜裡。男子見狀，頓時怒火中燒，立即找來了餐廳經理，向他投訴這名沒有衛生觀念的侍者。

餐廳經理深感抱歉，立刻把這名侍者叫過來詢問。

然而，這個侍者卻溫吞地解釋說：「對不起，我因為姆指受傷，醫生說要隨時保溫，所以我才會這麼做。」

這名有潔癖的客人根本沒有辦法接受侍者這番自以為是的強詞奪理，毫不客氣地對侍者說：「要保溫，你怎麼不把你的手插到屁眼裡啊！」

侍者聽了這話，連忙向客人辯解道：「有啊，我沒有端菜的時候，就是把手插在屁股裡。」

保持平靜的心境，就能冷靜面對生活中的一切不順心意的事情，何必暴跳如雷，盡說些刻薄的話？

對人刻薄，其實是對自己殘忍；侮辱別人，最後受傷的往往還是自己。

無論好人、壞人、君子、小人，都同樣期待他人以禮相待。如果你以文明的方

式和對方相處，對方自然就會表現得像個文明人，相反的，你用對待流氓的方式對待他，他便會徹底表現得像個流氓。

這個世界是一面鏡子，你發射出什麼樣的訊息，回應你的也就是什麼樣的訊息。尖酸刻薄只會引來他人反感，不給台階也只會逼人狗急跳牆，若是你期望得到別人的尊重，就要先懂得尊重他人。

用幽默代替沉默的行事守則

想出新辦法的人，在他的辦法還沒有成功以前，人家總說他是異想天開。

——馬克·吐溫

無法解決，就把所有的人都拖下水

下次遭遇到困難時，不要著急，不要氣餒，換個角度想想如何把全部的人都拖下水，事情就很可能會出現嶄新的面貌！

新的都市求生法則第一條：「在路上碰到搶劫之時，不要喊『救命』，而要喊『失火了！』」

爲什麼明明被搶，卻要喊「失火」？

因爲，被搶是你家的事，失火可是大家的事！

一名愛犬人士帶著他心愛的小狗出遊。

沒想到在遊艇上，小狗意外失足落水，狗主人焦急萬分，連忙要求船長中途停船，好讓他可以把小狗撈救上來。

然而，船長斷然地拒絕了他的請求，並且向他解釋說，因為船上的旅客眾多，不可能為了一條狗停船，枉顧其他人的權益和時間，畢竟，這不像救人那麼重要。

狗主人聽聞此言，二話不說，立刻縱身一躍跳入水中，然後誇張地揮動雙手不斷大呼救命。

船長見到這種情形，只好無奈地把船停了下來，讓這名旅客和他的小狗都得以撿回一條小命。

有時候，讓事情大到無法解決，讓所有的人都不得不參與，雖然賤了一點，倒不失是一種解決之道。

做人做事不能只往單一方向思考，遇到瓶頸的時候，懂得逆向思考，才有辦法突破思路的死角。

平常就要多訓練逆向的想像，科學家愛因斯坦曾經說：「想像力比知識更重要。因為知識是有限的，而想像力概括著世界上的一切，推動進步，並且是知識的泉源。」

逆向思考常常能將不易解決的困難輕鬆排除，因此，下次遭遇到困難時，不要著急，不要氣餒，換個角度想想如何把全部的人都拖下水，事情就很可能會出現嶄新的面貌！

用幽默代替沉默的行事守則

我們不需要死記硬背，但是我們需要運用基本事實的知識來發展和增進每個人的思考力。

——列寧

找出盲點，人生才會更亮眼

這個世界上沒有所謂的絕對。找出心態上的盲點，隨時睜大眼，你的人生才會越來越亮眼！

一位年輕的太太陪先生上醫院，經過詳細的診斷與詢問生活狀況後，醫生吩咐先生前去驗尿。

趁著空檔，太太便詢問醫生狀況如何。

醫生對太太說：「妳的先生過度疲累，而且有精神衰弱的徵兆，需要絕對安靜地休息，旁邊不能有任何聲音，所以我開了一些安眠藥……」

太太聽了，焦急地打斷：「既然你說我先生身體不好，那吃安眠藥不是會讓他的身體更不好嗎？」

醫生回答說：「不是他吃，是妳吃！妳吃了以後，就不會整個晚上對他唸個不停……」

由這個小故事我們可以知道，判斷事情的角度不止一個，想要改變自己的人生，不如先找出自己的盲點，否則你就會像下面故事裡的小明，主觀地做出錯誤的解讀。

小明一向對研究生物很有興趣。一回，他把一隻跳蚤的兩隻腳切掉，然後對著跳蚤說：「跳呀！跳呀！」結果跳蚤依然會跳。

小明於是再接再厲，繼續把跳蚤剩餘的腳切斷二隻，然後命令牠：「跳呀！跳呀！」結果跳蚤依然照跳不誤。

接著，小明又再切斷二隻腳，然後對跳蚤說：「跳呀！跳呀！」這一次，跳蚤再也跳不動了。

於是，小明從中得出了一個結論，在日記本裡寫下了心得：「跳蚤在切斷六隻腳之後，就變成聾子了。」

上述這兩種情形也許好笑，卻經常發生。每個人在看事情的時候都可能會有盲點，產生盲點的原因，往往是因爲太主觀，又不願深入了解。

如果沒有親自進入其中浸淫一段時間，又怎麼可能會全然了解其中的眞相？如果只是因爲表面現象就憑自由心證驟下結論，反而可能會讓你離眞正的結論越來越遠。

記住，這個世界上沒有所謂的絕對。找出心態上的盲點，隨時睜大眼，你的人生才會越來越亮眼！

用

幽默代替沉默的行事守則

最大的錯誤，就是不自覺自己犯了什麼錯。

——湯瑪斯．卡萊爾

修正錯誤才能進步

犯錯，是每個初學者的特權。犯錯的當下也許丟臉，但是改正錯誤的過程，卻是人生最寶貴的一課。

新學得的東西永遠不會是你的東西，必須親身操作過一次，它才會永遠烙印在你的生命裡。如果你記性不好又很懶惰，那麼，別懷疑，出糗的人一定是你。

某位新來的牧師，一想到星期天的時候要對著全教堂的信眾演講，心裡就感到莫名的壓力，為此，他特地去請教一位年長的牧師，想知道用什麼方法可以有效的抓住信眾們的注意力。

老前輩以自身的經驗當例子，侃侃而談：「我剛當牧師的時候也非常緊張，於

是我就想到一個方法，只要一發現信眾們心不在焉時，我就說：『想當年，我躺在一個女人的懷裡……』每次一講到這裡，信眾們無不豎起耳朵仔細聆聽，接下來，我再解釋道：『那個女人是我媽媽。』既引人注目又無傷大雅，這個方法我用了好幾次，從來沒有失敗過。」

年輕牧師把老前輩的教誨牢記在心。

到了星期天的時候，他在台上學著老牧師的口吻，對底下的信眾說：「想當年，我躺在一個女人懷裡……」

底下的信眾頓時鴉雀無聲，所有人的注意力都集中在年輕牧師的身上，大家心想：「牧師是上帝的親信，怎麼會說出這麼輕薄猥褻的話？」

正當年輕牧師應該要自圓其說的時候，腦筋卻突然一片空白，只好支支吾吾地說：「那……那個女人……我忘了她是誰了！」

學藝在精而不在多，學東西只學一半，結果就會如故事裡的年輕牧師一樣，笑掉人家大牙。

學習有三多：看得多、遭遇得多、研究得多。

最難以學習的是別人的經驗，沒有人可以從別人的錯誤中獲得教訓，一定要親身犯過錯，我們方知錯誤的可貴。

犯錯，是每個初學者的特權。正因爲你犯過錯，所以你體會到自己的不足；正因爲你犯過錯，所以你又比從前更進步了一點。

犯錯的當下也許丟臉，但是改正錯誤的過程，卻是人生最寶貴的一課。

用幽默代替沉默的行事守則

以前的社會，保持現狀就是落伍；現在的世界，進步比別人慢就是落伍，光跟自己比是不夠的，還要跟別人比。

——王坤復

明槍易躲，「暗賤」難防

人生在世，難免招惹流言蜚語，但只要輕鬆因應就能脫離窘境。不必急於辯白駁斥，才不會讓那些想要看好戲的人陰謀得逞。

古人之所以會強調「明槍易躲，暗箭難防」，是因爲「暗箭」通常都是見不得人的卑劣勾當，而且多半在人春風得意的時候，冷不防地從背後襲來。

最糟糕的是，我們通常搞不清楚「暗箭」傷人的到底會是張三、李四，還是王二麻子，因此防不勝防。

最常見的「暗箭」，就是不利於自己的流言蜚語與八卦傳聞。法國著名的思想家伏爾泰就曾經這麼深刻地寫道：「死者不在乎誹謗中傷，活人卻因它而怒極身亡。」

其實，「暗箭」傷人有著奇妙透頂的規律，越是想撲殺它，它就越生機勃勃，一旦不理會它，它就自然而亡。

遺憾的是，這個道理雖然人人都懂，但卻因爲不知如何因應，而屢屢爲這些「暗箭」所傷。

修車廠裡，工人們一邊吃便當一邊聊天。談笑之中，杰哥得意地問大家：「你們有沒有聽過畢昇這個人？」

「沒聽過。」眾人不約而同地回答。

杰哥於是倚老賣老地說：「唉，如果你們像我一樣，利用晚上的時間去補習求知，你們就會知道畢昇就是發明印刷術的人。還有，你們有沒有聽過馬登這個人？」

所有人面面相覷，大家都不知道馬登是何許人也。

杰哥繼續驕傲地說：「馬登就是培植馬鈴薯成功的人。唉，你們這些愚蠢的人類啊，如果再不學學我，利用下班以後的時間去補習，我看你們是一輩子都不會有學問的……」

說到這裡，一個年輕的修車師傅滿臉不悅地接著說：「哼！我知道你懂畢昇、馬登這些已經作古的人，但是，我倒要請問你，你有沒有聽過一個叫王二麻子的人？」

「沒聽過。」杰哥回答得好不尷尬。

年輕的修車師傅接著說：「那我告訴你，王二麻子就是趁著你晚上去補習時，和你太太睡覺的人！」

所謂美滿的人生，就是不羨慕別人的幸福，也不向別人炫耀自己的幸福，否則背地裡嫉妒的「暗箭」就會向你襲來。

英國作家托馬斯·富勒曾經說過：「最能讓惡毒的舌頭得到滿足的，莫過於他人憤怒的心。」

人生在世，誰都難免招惹一些流言蜚語，但只要輕鬆因應就能脫離窘境。

當你遇到有人當面揶揄譏諷，或是在背後散佈惡毒的壞話，不必急於辯白駁斥，而應該冷靜地說，「暗箭傷人」的人顯然不十分了解自己，否則就會抖出更多不爲人知的缺點和隱私。

如此一來，才不會讓那些想要看好戲的人陰謀得逞。

做人千萬不要因爲一時的得意而忘形，也不要因爲一時的失意而喪氣。

一個人只要能夠正確掌握自己的目標，無論身在高處低處、順境逆境，都能從心所欲、寧靜自得。不爲外物所囿，也不向挫折屈服。這樣的人生，才是眞正屬於你自己獨一無二的人生。

用幽默代替沉默的行事守則

「智慧」真像天使降臨，舉起鞭子，把犯罪的亞當逐出了他的心房。

——莎士比亞

改變想法，就會改變你的做法

CHANGING YOUR MIND WILL CHANGE THE DIRECTION

黎亦薰 編著

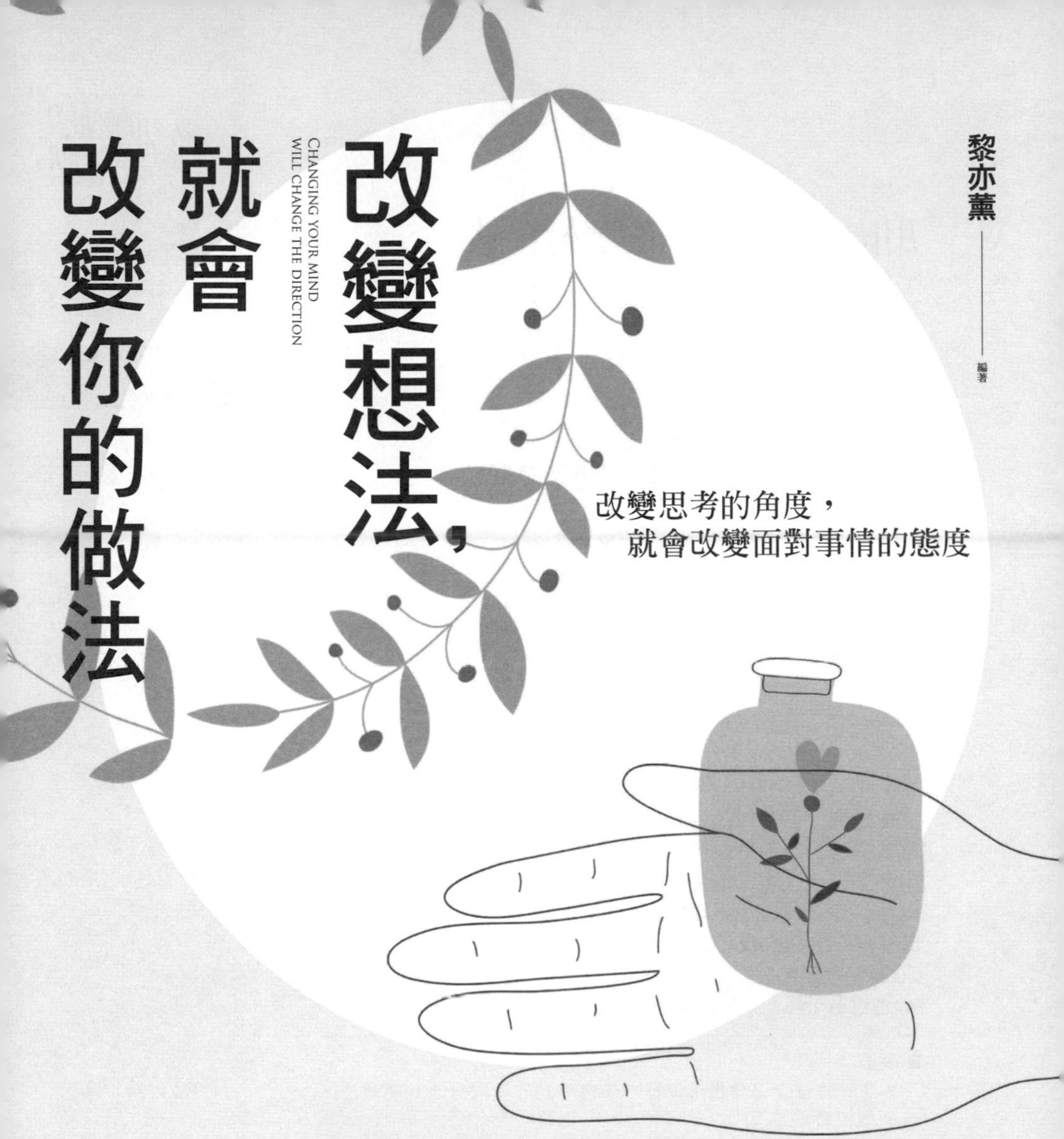

改變思考的角度，
就會改變面對事情的態度

卡耐基曾經寫道：

如果在自己非常想要做的事情未能成功，不要立刻接受失敗，
試試別的方法，因為你的弓不會只有一根弦，只要你願意找到另外的弦。

限制我們成就的因素，往往不是缺少機會，而是我們不願意改變根深柢固的想法。
唯有充滿智慧的人，才能夠將失敗化為自己成功的機會，就像蚌能將擾亂它的沙子變成珍珠一樣。
機會隨時會來敲門，就怕欠缺因應的智慧。遭遇失敗、挫折的時候，只要你願意換個想法，往往就能找到反敗為勝的方法。

溝通智典

42

用幽默代替沉默的應對智慧

作　　者　塞德娜
社　　長　陳維都
藝術總監　黃聖文
編輯總監　王郡凌
出 版 者　普天出版家族有限公司
新北市汐止區忠二街 6 巷 15 號
TEL / (02) 26435033 (代表號)
FAX / (02) 26486465
E-mail：asia.books@msa.hinet.net
http://www.popu.com.tw/
郵政劃撥 19091443 陳維都帳戶
總 經 銷　旭昇圖書有限公司
新北市中和區中山路二段 352 號 2F
TEL / (02) 22451480 (代表號)
FAX / (02) 22451479
E-mail：s1686688@ms31.hinet.net
法律顧問　西華律師事務所・黃憲男律師
電腦排版　巨新電腦排版有限公司
印製裝訂　久裕印刷事業有限公司
出 版 日　2022 (民 111) 年 7 月第 1 版
ISBN◉978-986-389-831-3　　條碼 9789863898313

國家圖書館出版品預行編目資料

用幽默代替沉默的應對智慧 /
塞德娜著.—第 1 版.—：新北市,普天出版
民 111.7 面；公分. - (溝通智典；42)
ISBN◉978-986-389-831-3 (平裝)

普天之下・盡是好書

普天出版家族 Popular Press Family

淩雲文創 A-Plus Creative Company

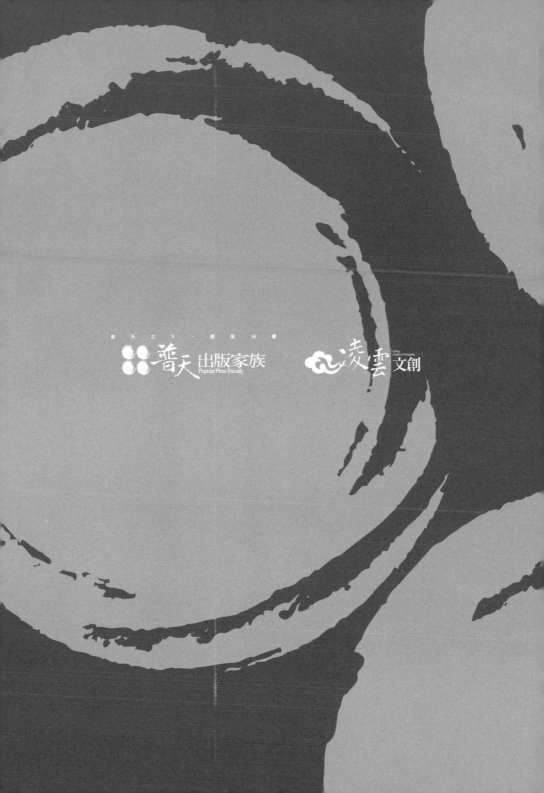